神さまからの贈りもの

―秘跡による救いのみわざ―

稲川　圭三　著

サンパウロ

神さまからの贈りもの
―秘跡による救いのみわざ―

目　次

神さまからの贈りもの―秘跡による救いのみわざ―

光・イエスさまと共に捧げるミサ

※　文中の聖書引用は、日本聖書協会『聖書　新共同訳』を使用しました。

神さまからの贈りもの

―秘跡による救いのみわざ―

イエスさま・神の愛の秘跡

はじめに

「神さまからの贈りもの」と聞くと、わたしたちは何を思い浮かべるでしょうか。……大自然、宇宙、命あるすべてのもの、大切な家族……。そういったものを思い浮かべるかもしれません。それらは皆、間違いなく神さまからの贈りものです。

しかし、神さまからの最大の贈りものとは、神さまが愛によって、それらすべてのものにご自分のいのちを注いでおられるという神秘です。神さまからの贈りものとは、ご自分のいのちそのものです。

天地創造の初めから、世の終わりに至るまで、神さまのすべての「みわざ」とは「祝福」そのもの。そして祝福とは、神さまがご自分のいのちをお与えになることです。造られたすべてのものは、神さまの祝福、神さまのいのちに満ちています。神さまは、お造りになったすべてのものをご覧になって「見よ、それは極めて良かった」（創1・31）と言われました。創られたものは皆、申し分なく神さまの善さをあふれさせています。

存在するものはすべて、神さまからの贈りもの。そしてそれは、そこに注がれた神さまご自身のいのちの発露です。造られたすべてのものの中に、神さまがご自分のいのちを注いでおられること、それこそが神さまからの最大の贈りものなのです。

人間は神の似姿

神さまはその中でも、とりわけ人間には、ご自分の似姿を刻まれました。「神は御自分にかたどって人を創造された。神にかたどって創造された。男と女に創造された」（同1・27）と書かれているとおりです。

「神にかたどって創造された」とはどういう意味でしょうか。わたしは、それは「神さまからの愛を、神さまからの愛として受け取ることができる者」、「神さまからの贈りものを、贈りものとして受け取ることができる者」として創造された、ということだと思います。

愛に愛を返し、贈りものを贈りものとして感謝して受け取ることができるように、神さまは人間に自由意志をお与えになりました。自由意志を持たないものには、愛することも感謝することもできないからです。

神さまが人間に与えられた尊厳は決定的なものでした。それは、「造り主である神さまに、背を向ける」という選択さえ可能なまでの、根源的な自由意志が与えられたということです。

自由意志が与えられているが故に、人間は神に背を向ける的外れ（罪）に陥る可能性を秘めています。しかし同時に、自由意志が与えられているが故に、人間は神を愛し、感謝することのできる、そういう関係に入る可能性を秘めた存在であります。

神さまは人間を「机や椅子」のようなものにはお造りになりませんでした。机や椅子は絶対に罪を犯しません。しかし、机や椅子は決して愛することもありません。神さまはわたしたちに、「ただ罪を犯さない者であること」……ではなく、「愛する者となること」を望んでいのちをお与えになられたのです。

愛そのものである神さまは、わたしたちを「ご自分にかたどって創造され」ました。ご自分の愛に出会い、その愛に応えるものになるように、人間にいのちをお与えになったのです。

自由意志の濫用《らんよう》

しかしながら人間は、神さまからのお恵みである自由意志を、正しく用いることができませんでした。創世記三章に書かれているように、誘惑する者の唆《そそのか》しによって、自由意志を、「神さまへの愛」のためにではなく、「自己中心」に向けて用いてしまったのです。

永遠のいのちの神さまは、人間の死を望まれません。だから「善悪の知識の木からは、決して食べてはならない。食べると必ず死んでしまう」（創2・17）と言われました。しかし、誘惑する者である蛇は女に言います。「決して死ぬことはない。それを食べると目が開け、神のように善悪を知るものとなることを神はご存じなのだ」（同3・4、5）。

人は、「神さまのことば」ではなく、「誘惑する者の唆し」に乗りました。愛によってご自分のすべてをすでに贈っておられる「神の真実」にではなく、神から引き離そうと企む「誘惑する者の嘘《うそ》」に身を委ねたのです。

「善悪を知る」とは「全知全能になる」という意味です。「神さまがもうすでにすべてを贈ってくださっているという真実」を「贈りものとして受け取る」のではなく、「神によらずに、神に造られた滅びあるもの（木の果実）によって、神のように全知全能になる」、という「自己中心」に向かってしまったのです。

その結果、人は共にいてくださる神さまと、共にいることができなくなりました。

なぜなら、共にいてくださるという「真実そのもの」よりも、自分の手応え、すなわち、共にいてくださるという実感、納得、証拠という「しるし」を一番に求めてしまうからです。

その根源的な的外れの結果が「死」であり、それが「原罪」と呼ばれるものの真相です。

もう一つの贈りもの

しかし神さまは、罪によって「共にいてくださる神さまと、共にいることができなくなった」人間を救うために、救い主をお送りになりました。それがイエスさまです。イエスさまは「神が共におられる」という「神さまからの贈りもの」を、「贈りもの」として、ただ感謝して受け取って生きてくださいました。この方こそインマヌエル、「神は我々と共におられる」という真実の生きたしるしです。

このお方によってわたしたちは、すべてのものが神さまからの贈りものであるという真実に出会わせていただきます。

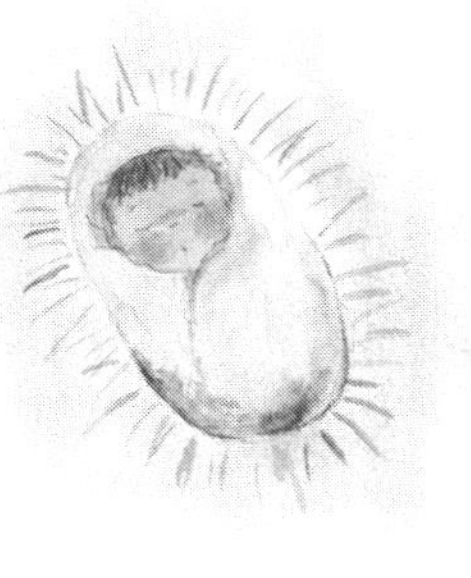

イエスさまは贈りもの。わたしたちを神さまの愛に出会わせてくださる、神への愛の秘跡なのです。

教会・イエスさまの秘跡

イエスさまは秘跡

イエスさまは神の愛の秘跡、そして神への愛の秘跡です。

「秘跡」とは、「神さまの目に見えない恵みの、目に見えるしるし」のこと。イエスさまは、その言葉と、行いと、まなざしで、目に見えない神の愛を、目に見えるしるしとして人間に表してくださいました。それゆえイエスさまは「神の愛の秘跡」です。そしてイエスさまは、人間が神を愛する真の愛の、目に見えるしるしとなってくださいました。それゆえイエスさまは「神への愛」の秘跡です。

イエスさまは「神の愛」を人間に示し、また、人を愛することを通して「神への愛」（マタイ25・40参照）を示してくださいました。なぜなら人間の中には、神が共におられるからです。

イエスさまこそ、神と人とを一つに結ぶ、まさに愛の秘跡です。

教会はイエスさまの秘跡

イエスさまは二千年前にユダヤの地に生まれ、人々の前に現れ、人々に神の愛を説き、罪人を赦し、病気の人々を癒やし、悩み苦しむ人々に、希望の光をお与えになりました。それでイエスさまの周りには、絶えず大勢の人々が集まりました。

皆さんの中には、もしかしたら、「ああ、自分もイエスさまのいらっしゃる時代に生まれ、実際にイエスさまにお会いし、その奇跡を目の当たりにしたなら、もっと信仰が深まったに違いない……」、あるいは、「イエスさまに直接会った人々は、何と幸せなのだろうか……」と、お考えになる方があるかもしれません。わたしも以前、そんなふうに思ったことがあります。

しかし、今はそのようには思いません。なぜならキリストは、「今」、「この世に」、「共にいて」、「教会というしるしを通して出会ってくださる」と知ったからです。教会は、今、この世に、主キリストが共にいてくださるという真実の、目に見えるしるし、「秘跡」なのです。

「教会」と訳されている言葉は、もともとはギリシア語の「エクレシア」、神さまに「呼び集められた人々の集い」という意味の言葉です。神さまは呼びかけられました。

そしてその呼びかけに答えて集まった人の集いが「教会」です。ですから、信じて集うわたしたち一人ひとりが教会なのです。

ところで、「教会の誕生日」がいつであるか、皆さん、ご存じでしょうか。そうですね、聖霊降臨の日です。弟子たち一人ひとりの上に聖霊が降ると（使徒言行録2・1、ヨハネ20・19以下参照）、そこに教会が誕生しました。

聖霊降臨が教会の誕生日と呼ばれるのは、主イエス・キリストの霊である聖霊が弟子たちに降ると、主イエスご自身の霊といのちが、弟子たち一人ひとりの内に立ち上がったからです。

神さまからの呼びかけに、真に答えることができるのは、主イエスただお一人です。それゆえ、そのお方の霊である聖霊が注がれる時、そのお方のいのちがわたしたち一人ひとりの内に立ち上がります。その時、わたしたちはそのいのちに結ばれて、初めて「教会」＝神に呼び集められた人々とされるのです。

それが、聖霊降臨が教会の誕生日と呼ばれることのゆえんです。

教会の時代

教会の誕生である聖霊降臨の出来事とは、まさに「派遣されること」でした。ヨハネ福音書の聖霊降臨の場面で、復活された主イエスは言われます。「父がわたしをお遣わしになったように、わたしもあなたがたを遣わす」（ヨハネ20・21）。

父である神が、イエスさまを派遣された「派遣方式」とは、派遣主であるおん父が、被派遣者であるイエスさまの内で働かれるという方式です。その同じ派遣方式で、イエスさまは使徒たちを派遣されたのです。

「聖霊を受けなさい。だれの罪でも、あなたがたが赦せば、その罪は赦される。だれの罪でも、あなたがたが赦さなければ、赦されないまま残る」。……イエスさまがそう言われるのは、使徒たちの中で赦しを行われるのは主イエスご自身だからです。

使徒たちの派遣によって始められた「教会の時代」の間、キリストはずっと、ご自分の教会の中で、また教会と共に、この新しい時代に固有な新しい方法で生き、働かれます。すなわち諸秘跡を通して、キリストご自身が働かれるのです。それが「秘跡による救いのみわざ」です。

教会の諸秘跡

イエスさまは、人々の罪を赦し、病を癒やし、食べ物を与え、弟子たちを召し出されました。イエスさまのなさった、このような生涯の諸神秘は、後にご自分の教会の役務者を通して、分け与えられることになりました。聖書に記されている主イエスの救いのわざは、諸秘跡の働きへと移し変えられていったのです。

神の神秘の忠実な管理者である教会は、聖霊の導きに従い、それらがどのように分配されるべきかを明らかにしてきました。そして、時がたつにつれ、教会は典礼祭儀の中に、キリストによって制定された、厳密な意味での秘跡が七つあることを認めるようになりました。

それらは、洗礼、堅信、聖体、ゆるし、病者の塗油、叙階、結婚です。今、教会がそれらの秘跡を行う時、それを執行なさるのは、イエス・キリストご自身です。教会はイエスさまの秘跡なのです。

キリスト教入信の秘跡・洗礼①

第一の秘跡

復活の後、イエスさまは、弟子たちにお命じになりました。「あなたがたは行って、すべての民をわたしの弟子にしなさい。彼らに父と子と聖霊の名によって洗礼を授け、あなたがたに命じておいたことをすべて守るように教えなさい」（マタイ28・19～20）。

イエスさまがはっきりと、すべての人に授けるようにとお命じになった「洗礼」は、教会の七つの秘跡の内の「第一の秘跡」と呼ばれます。それが第一と呼ばれるのは、他の秘跡は、洗礼を授かった後に初めてあずかるようになるからです。それで洗礼は「秘跡の門」とも呼ばれます。

秘跡とは「神さまの目に見えない恵みの目に見えるしるし」です。「神の愛の秘跡」であるイエスさまが、「イエスさまの秘跡」である教会を通して、洗礼という第一の秘跡から始まる、「七つの秘跡の全体」を通して、「今日」、

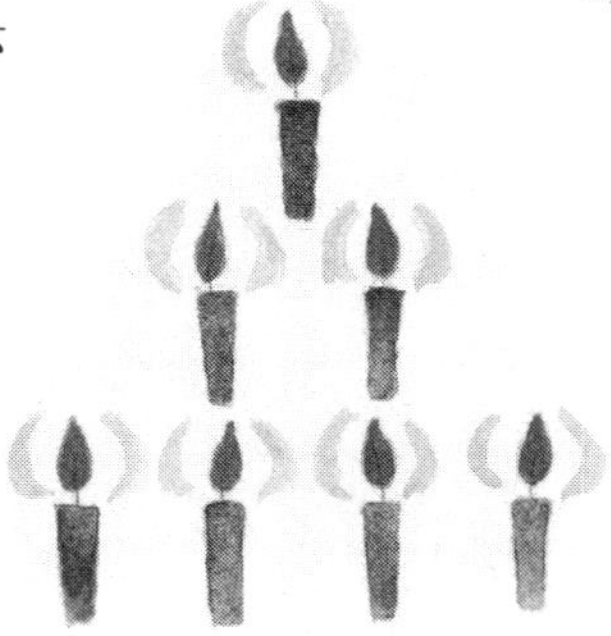

わたしたちに恵みをお与えになりたいと望んでおられるのです。そして、イエスさまの望みを通して、天の父である神さまがそう望んでおられるのです。

では、天の父である神さまが、わたしたちにお与えになりたいと望んでおられる「恵み」とは、一体何でしょうか。それは、わたしたちをご自分の子、「神の子とする」ということです。

人間は神の似姿

ところで、前々回にも申し上げたのですが、人間は「神の似姿」です。神さまは人をご自分に似せてお造り（創1・26）になりました。そしてそれを「良し」とされました。もとより人間は皆、「神の子」なのです。

しかし、いただいた自由意志の濫用《らんよう》によって、「神の子である」という「神からの贈り物としての真実」をそのままに受け入れるよりも、自分が神の子であるという「実感」「納得」「証拠」というしるしを一番に求める、という的外れ（罪）に陥ってしまいました。その結果、人間は「神の子であること」の真実そのものに出会えなくなってしまったのです。

そのわたしたちを「神の子であること」に出会わせ、的外れ（罪）から救うことこそ、天の父である神さまのお望みです。それが、わたしたちを「神の子とする」ということであり、わたしたちにお与えになりたい「恵み」なのです。

「あなたはわたしの愛する子、わたしの心に適う者」

イエスさまがヨルダン川で、ヨハネから洗礼を受けられた時、水の中から上がるとすぐ、天が裂けて〝霊〟が鳩のようにご自分に降って来るのを、ご覧になりました。

するとと、「あなたはわたしの愛する子、わたしの心に適う者」という声が、天から聞こえました（マルコ1・11）。

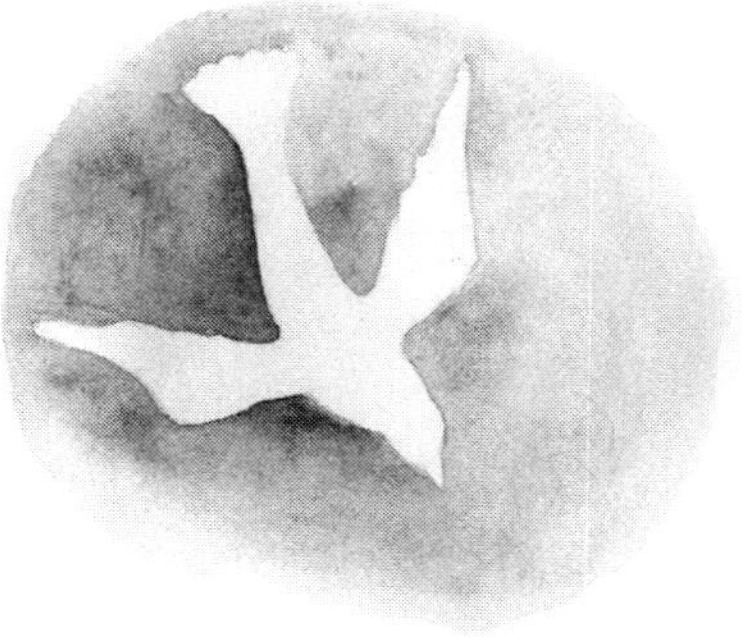

イエスさまはこの時、ご自分を「愛する子」……すなわち「神の子」と呼ぶ「父である神の霊」と出会い、一つに結ばれ、「神の子であること」を「はい」と受け入れて生きるいのちとなられたのだと思います。

わたしは、人は本当に深く出会うと、一緒の向きで生きるいのちとなるのだと思っています。イエスさまはこの時、ご自分を「愛する子」と呼ばれる父である神と深く出会って一つに結ばれ、一緒のまなざしで生きるいのちとなられたのだと思います。

イエスさまにとって、父である神の「愛する子であること」、「神の子であること」とは、「資格」の問題ではなく、父である神と一つに結ばれて、「父である神の望みを生きること」でした。だからイエスさまは、ご自分が「父である神に愛されている」ことを「はい」と受け取って生きるだけでなく、出会う人々皆に、あなたは「神に愛された子」なのだと告げて生きるいのちとなられたのだと思います。

なぜなら、すべての人を「神の子であること」に出会わせ、的外れ（罪）から救うことこそ、天の父である神さまのお望みであるからです。

洗礼は恵み

イエスさまは父である神に一致し、「神の子であること」を完全に生きておられました。そして全生涯を通してすべての人に「あなたは神の子である」という真実を告げました。しかし、真実よりも「しるし」を求める的外れに陥っているわたしたち人間には、真実を「告げられる」だけでは足りませんでした。

それでイエスさまは「死と復活」を通して、ご自分の霊である「聖霊」をわたしたちに注いでくださったのです。「父である神の望みを完全に生きた」イエスさまご自身が、聖霊の注ぎを通して、わたしたちの内に来て一緒の向きで生き、わたしたちを「父である神の望みを生きる者」へと変えてくださるためです。

その「聖霊」を注いでいただく出会いの出来事が「洗礼」。だから洗礼とは、単なる人間の努力に尽きるものではなく、神からの「恵み」なのです。

洗礼の秘跡の中心は、秘跡を授ける司祭の次の言葉と水の注ぎです。

「〇〇〇〇（姓名）、わたしは

父と（水を注ぐ）

子と（水を注ぐ）

聖霊（水を注ぐ）のみ名によって、あなたに洗礼を授けます」。

水を注ぐのは司祭ですが、この秘跡の執行者は、イエス・キリストご自身です。「わたし自身が、あなたと共に生きる。一緒の向きで生きて、あなたを真の神の子とする」。

イエスさまご自身が、こう言っておられるのだと思います。

キリスト教入信の秘跡・洗礼②

幼児洗礼

ずいぶん前のことですが、ある日、若いご夫婦が、まだ一歳にならない赤ちゃんを連れて教会に来られ、「この子に洗礼を授けてください」とおっしゃいました。お二人とも洗礼を受けておられない方でした。一年ほどアメリカで生活をなされ、お住まいの近くに教会があって、時々通っておられたのだそうです。最近帰国されたので、お子さんに洗礼を望まれて教会に来られた、ということでした。

ご両親に、ご自分たちの洗礼の希望の有無を問うと、「あの、わたしたちはいいのです。でも子どもには洗礼を授けていただきたくて……」と言われました。わたしはお二人に、「ご両親が共に洗礼を受けておられない方である場合には、赤ちゃんだけに幼児洗礼をお授けすることができないのですよ」と、お話しいたしました。

それはどうしてかと言うと、幼児洗礼は、親（または子どもを育てる立場にある人）が、自分が受けた（あるいは、これから一緒に受けようとしている）、この「良いもの」（洗礼）を、できる限り早い時期に、子どもにも授けたいと願うものであるからです。

親が、自分が受けた「良いもの」をできるだけ早く子どもにも与えたいと願うのは、ごく自然のことです。たとえば、親は子どもがまだ口がきけないうちから、折に触れて「ありがとう」や「ごめんなさい」を教えると思います。それは「ありがとう」や「ごめんなさい」が、人間が幸せに生きていくために欠くことのできないものだと知っているからで、子どもの判断を待たずに教えるのです。そしてそれは、自分と切り離せないもの。「自分たちはいいですが、子どもには与えたい」というものではありませんね。

幼児洗礼も一緒です。自分もいただいたこの「良いもの」を、子どもにも授けていただきたい……、あるいは、自分たちと一緒に授けていただきたい……と願うものだからです。

親の責任において授ける

今、親が、自分が受けた良いもの「洗礼」を、できるだけ早く子どもにも与えたいと願うのは自然のこと、と申し上げましたが、それは同時に親の責任が伴うことです。親の責任とは、幼子が自分の知らないうちに受けた「洗礼」の恵みの意味を、生活の中で伝えていくということです。子どもが物心つくようになるまでに、生活全般を通して伝えていくということです。

洗礼は本来自分の意志を持って受けるものです。しかし、親がありがとう、ごめんなさいを教える以上に大切なことであると分かって、子どもの判断を待たずに授けるのが幼児洗礼です。だから、ありがとう、ごめんなさいを教えるのと同じように、その大切さを伝えるのです。

「洗礼の恵みの意味を、生活の中で伝える」とは、そんなに難しいことではありません。ご一緒に考えてみましょう。

「洗礼を受ける」とは、聖霊を受けることです。聖霊を受けるとは、神の子イエスさまが一緒に生きてくださるということです。一緒の向きで生きてくださるのです。だから、赤ちゃんは幼子イエスさまそのものです。大切にお育てになったらよいのだと思います。

また、お子さんが少し大きくなられたら、自分だけでなく、みんなが神の子、すべての人の中に大切な神さまのいのちがあることを教え、人に親切にすることをお教えになったらよいのです。このことは、言葉だけで教えられることではなく、絶え間ない祈りの支えによって、生活の中で伝えられることです。

ご両親がお子さんを大切にし、いつも「神さまがあなたと共におられます」と祈り続ける時、自然と伝えられていくことであると思います。

幼子を育む恵み

そして、何よりもその祈りの土台を支えてくれるのが、子どもと一緒にあずかるミサです。ミサという大きな共同体の祈りの中で、子どもの信仰が育てられていきます。幼児洗礼の恵みを育むには、ミサ・共同体という大きな懐が必須なのです。

いつの日か子どもが大人になって、ご自分の大切な女性に向かって、「神さまが、君と共におられるのだよ」と言える人になるならば、それは人を愛することのできる男になるということです。また、ご自分の大切な男性に向かって、「神さまが、あなたと共におられるのよ」と言える人になるなら、それは、人を愛することのできる女になるということだと思います。

洗礼式での親の役割

今まで申し上げたような理由から、幼児洗礼式においては、親は参加者と共に祈りをささげるほかに、以下のような固有の役割を果たします。

1　子どもの洗礼を公に願う。
2　司式者に続いて子どもの額に十字架のしるしをする。
3　悪霊の拒否と信仰宣言を行う。
4　洗礼が授けられる時、幼児を抱いている。（第一に母親の務め）
5　火を灯《とも》したろうそくを持つ。
6　親のための特別の祝福を受ける。

式の具体的な流れについては、事前の準備の中で確認することになります。

幼児洗礼を授けた後は、親は子どもに信仰を伝え、洗礼の秘跡の完成のために、堅信と聖体の秘跡を受ける準備をさせる責任が委ねられています。

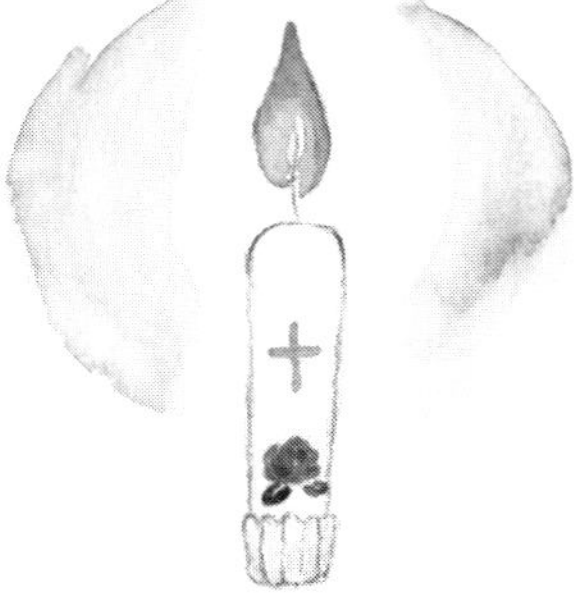

キリスト教入信の秘跡・堅信

「按手」と「塗油」と「ことば」

堅信の秘跡の本来の執行者は司教です。幼児洗礼を受けた者の場合は、物事をわきまえる年齢（通常、小学校高学年くらい）に達してから準備をし、司教によって授けられます。

成人洗礼者の場合は、通常、洗礼を授けた司祭が、洗礼に引き続いて（司教から権限の委任を受け）、その人に堅信の秘跡を授けます。そしてその後、聖体の秘跡をも授けるので、成人洗礼者の場合は、入信の秘跡である「洗礼」「堅信」「聖体」を一日の内に受けることになります。

秘跡の中心は、按手と聖香油の塗油と、塗油に伴うことばです。按手とは、頭の上に手を載せることで、そこに聖霊が降ることを表す動作です。また、聖香油とは、司教が年に一度だけ（聖木曜日）、自分の教区全体のために聖別する油のことです。

司教（または委任を受けた司祭）は聖香油に親指を浸し、受堅者に按手しながら、「父のたまものである聖霊のしるしを受けなさい」と言って、受堅者の額に十字のしるしをします。これが秘跡の中心部分です。

堅信は秘跡。「神さまの目に見えない恵みの目に見えるしるし」です。堅信の秘跡を通して、お働きになっておられるのは、イエスさまご自身です。そしてイエスさまを通して、父である神さまがそのみわざを行っておられるのです。

では、堅信の秘跡を通して、神さまはわたしたちに、どんな恵みをお与えになろうとされているのでしょうか。

聖霊を受けなさい

堅信の秘跡を通して、神さまがわたしたちにお与えになろうとされている恵みとは、「イエスさまを通して、わたしたちに聖霊を注がれる」ということに尽きます。わたしたちに聖霊を注ぐこと。このことこそ、イエスさまの望みであり、父である神さまの望みです。

では、イエスさまは弟子たちに、どのように聖霊を注がれたのでしょうか。復活されたキリストが「弟子たちに聖霊を注ぐ」という出来事が、ヨハネ福音書に次のように書かれています。

その日、すなわち週の初めの日の夕方、弟子たちはユダヤ人を恐れて、自分たちのいる家の戸に鍵をかけていた。そこへイエスが来て真ん中に立ち、「あなたがたに平和があるように」と言われた。そう言って、手とわき腹とをお見せになった。弟子たちは主を見て喜んだ。イエスは重ねて言われた。「あなたがたに平和があるように。父がわたしをお遣わしになったように、わたしもあなたがたを遣わす」。そう言ってから、彼らに息を吹きかけて言われた。「聖霊を受けなさい。だれの罪でも、あなたがたが赦せば、その罪は赦される。だれの罪でも、あなたがたが赦さなければ、赦されないまま残る」（ヨハネ20・19～23）。

◇

堅信の秘跡を通して、イエスさまがわたしたちになさるのは、このことです。「聖霊を受ける」こと、これこそが堅信の秘跡を通してわたしたちが出会わせていただく恵みなのです。

聖霊を受ける・派遣を受ける

ところで、「聖霊を受ける」ということと「派遣される」ということは、切り離すことができない「一つのこと」であることを忘れてはならないと思います。イエスさまは、「父がわたしをお遣わしになったように、わたしもあなたがたを遣わす」と言われてから聖霊を注がれました。「聖霊を受ける」ということは、すなわち「派遣される」ということと一つなのです。

以前もお話しいたしましたが、おん父の「派遣方式」とは、「派遣主」であるおん父が、「被派遣者」であるイエスさまの中で、「一緒の向きで働かれる」という派遣です。

イエスさまがヨルダン川で洗礼を受けられた時、〝霊〟が鳩のようにご自分に降ってくるのをご覧になり、「あなたはわたしの愛する子、わたしの心に適う者」という声をお聞きになりました。派遣主であるおん父と深く出会われたイエスさまの中に、派遣主であるおん父のいのちが立ち、被派遣者であるイエスさまの中で働かれるという派遣を、イエスさまは受けたのです。

その同じ派遣方式で、「わたしもあなたがたを遣わす」とイエスさまはおっしゃるのです。つまり、「派遣主」であるイエスさまご自身が、「被派遣者」である弟子たちの中に立ち、「一緒の向きで働かれる」という派遣をされるということです。

そして、派遣された弟子たちが受けた命令は「赦し」でした。赦しとは、「平和」、つまり、人間の行いの悪さにもかかわらず、神が共にいてくださるという真実を告げることです。

「赦し」を告げなくてはならない

イエスさまに「平和」と言われた弟子たちは、受難の時、イエスさまを「知らない」と言って逃げた者たちでした。「平和」と言われる資格はありませんでした。でも、イエスさまは弟子たちに「平和」（神さまが共におられる）と告げたのです。

「人間が神さまから逃げても、神さまは人間から逃げない」……これが「神の赦し」だと知った弟子たちは、人々に「赦し」を告げました。人間の中には、神が共におられる。信じる者にも、信じない者にも、共におられる。だからその真実に出会わせるために「赦し」を告げなくてはならない……のです。

堅信の秘跡でいただく聖霊によって、わたしたちも「赦し」を告げるために派遣されます。

キリスト教入信の秘跡・聖体①

一緒に生きるために

聖体（エウカリスチア＝感謝の意味）の秘跡で、キリスト教入信は完了します。洗礼によってキリストの祭司職（教え、祈り、導く使命）に結ばれ、堅信によってキリストにいっそう似た者とされ、聖体によって、共同体全体と共に、キリストの奉献にあずかるのです。（『カトリック教会のカテキズム』）

「入信は完了」と聞くと、「一丁あがり」「完成済み」という印象を受けるかもしれませんが、言うまでもなく、決してゴールなどではありません。それは、「信じる」という関係が結ばれるという意味で「始まり」です。なぜなら信じるとは、信じるお方と「一緒に生きること」だからです。

時々、「自分で祈っているからミサにあずからなくても構わない」と言う方がおられます。あずかることができない特別な事情がないのに、そのようにおっしゃるとしたら、それは実に残念なことです。それは「愛しているから、会わなくてもいい」と言っているのと同じことで、何となく独りよがりの感じがあります。

「なぜ、神さまはわたしたちをミサに招いておられるのか」、「聖体の秘跡を通して、神さまはわたしたちに、どんな恵みをお与えになろうとしているのか」……、自分の考えではなく、「神さまのお心」と「神さまのお望み」を、わたしたちはいつも思い起こす必要があります。

言うことを聞いて

聖体の秘跡であるミサは、ご存じのように、主の晩餐（いわゆる「最後の晩餐」）の記念です。イエスさまはご生涯の中で、ただ一度だけ、この特別な食事をなさいました。その出来事を聖書は次のように表しています。

◇

主イエスは、引き渡される夜、パンを取り、賛美の祈りを唱えて、それを裂き、弟子たちに与えながら言われました。「取って食べなさい。これはわたしの体である」。また、杯を取り、感謝の祈りを唱え、彼らに渡して言われました。「皆、この杯から飲みなさい。これは、罪が赦されるように、多くの人のために流されるわたしの血、契約の血である」。

「わたしの記念としてこのように行いなさい」（マタイ26・26－28、一コリント11・24参照）。

◇

お気づきのとおり、これはミサの中心部分です。そしてそれは二千年前に、十字架の上で亡くなられる前の晩に、イエスさまがただ一度、弟子たちと共になさったこと。そのことを記念する祭儀がわたしたちのミサです。

それを今日わたしたちが、毎日毎日行うのはなぜでしょうか……？　それは、イエスさまが「わたしの記念としてこのように行いなさい」と言われたからです。「言われたからやっているのがミサ」……。人聞きが悪いですか？　いえいえ、とんでもありません。イエスさまに言われたから、しているのです。

小さい子どもがお母さんに、「『ありがとう』を言いなさい」と言われて、人に「ありがとう」を言うように、わたしたちも、イエスさまに言われたからするのです。親が子を思う以上の親心で、わたしたちのために言ってくださっているからです。

ミサ・救いへの招き

イエスさまがこの記念祭儀を残されたのは、わたしたちを救いにあずからせるためです。「救い」とは、神さまがわたしたちを愛して、すべての人と共にいてくださるという真実に、「出会わせていただくこと」です。

その真実に出会うことができるのは、イエスさまだけです。だから、わたしたちが「救い」にあずかるとは、「わたしたちがイエスさまになる」ことです。しかしそれは、人間にできることではありませんね。それで「イエスさまがわたしたちになってくださった」のです。

イエスさまは、ご自分のいのちとまなざしをすべての人間の中に創るために、十字架の道を歩んでくださいました。

また、ご自分の死と復活を通して、「人間の中に神のいのちを見いだすまなざし」は、死によっても決して滅びないことを証ししてくださいました。

またご自分が、この世で生きて共にいた時よりも、「もっと深く」「もっといつも」「もっと一人ひとりと」一緒にいるいのちとなられることを、聖霊降臨を通して証ししてくださいました。

イエスさまは、弟子たち一人ひとりの中に立ち上がって共に生きるいのちとなられました。この真実にただ一度、決定的にあずからせていただくのが、洗礼・堅信の秘跡です。

ご聖体・いのちの交わり

復活の主であるキリストは、わたしたち一人ひとりと共におられます。わたしは一人ひとりと一緒の向きでいてくださるのだと理解しています。

わたしたちは、その真実にいつも出会わなくてはならないのだと思います。ただ一度だけでなく、毎日パンを食べなくてはならないように、いつも出会わなくてはならないのだと思います。

司祭が「キリストの御《おん》からだ」と言ってご聖体を授ける時、キリストはおっしゃっているのではないでしょうか。「わたしは食べられて、あなたと一緒の向きで生きるいのちとなる。あなたはわたしを食べて、わたしと一緒の向きで生きるいのちとなる。その交わりに入る。いいかい?」。

わたしたちは「はい」と答えて、「アーメン」と言います。ミサはこういう交わりへの招きであり、答えです。

キリスト教入信の秘跡・聖体②

初聖体

教会の中で、「初聖体」あるいは「初聖体式」と呼ばれるのは、幼児洗礼を受けた者が、初めて聖体を受けることを指します。

成人洗礼者の場合は、特別な場合以外、洗礼に引き続いて堅信、聖体の秘跡が同日の内に授けられます。ですから、成人洗礼の場合は通常、洗礼式当日が、「初聖体拝領の日」ということになります。しかし、普通その日のことが、初聖体と呼ばれることはありません。教会の慣例で、幼児洗礼を受けた子どもが、初めて聖体を拝領することを、「初聖体」と呼んでいます。

幼児洗礼者の場合は、洗礼、堅信、聖体、の秘跡が行われる時期がそれぞれ異なるので、一つひとつの秘跡を個別にお祝いすることになります。その時期についてですが、初聖体の場合、教会法の規定では「理性を働かせるに至った子どもがふさわしく準備され……」

とあるので、小学校一～二年生くらいの時に行われるのが一般的だと思います。

ちなみに、堅信の秘跡の場合は同じく教会法では「分別のつく年齢の信者に……」とあるので、小学校高学年以降に授けられることが多いと思います。

初聖体に向けての準備については、準備期間の長さも、その内容も、また、だれが教えを担当するかについても、教会によってかなり異なります。大切なことは、この秘跡を通して、イエスさまとより親しくなり、神さまの子どもとして生きる恵みをいただくということを伝え、また、そのように生きていけるように導くことだと思います。

初聖体の思い出

わたしは生まれて二か月の時に幼児洗礼を授かった者ですが、自分が幼児の頃は第二バチカン公会議前の時代でした。当時の聖体拝領は、聖体拝領台（公会議以前に聖堂内にあった、祭壇内陣と会衆席との間を仕切る、細長い柵状の台）の前に、信者が横一列に並んでひざまずいて、拝領用の金属のお皿（ご聖体を床に落とすことがないように）を手に持って、口で受ける、という形での拝領でした。

初聖体前のわたしは、いつも聖体拝領の時は親と一緒に聖体拝領台の前に出て行きました。ひざまずく親の隣で手を合わせて立っていましたが、親の顔と同じぐらいの背丈だったことと思います。当たり前のことですが、いつも神父さまは、わたしの頭の上に手を置いてくださるだけで、ご聖体を下さらずに通り過ぎて行きます。

四歳ぐらいの時だったと思いますが、ミサの後、両親に、「どうして圭三には（ご聖体を）くれないのかなあ。スーパーマンなのに……」と言った記憶があります。（もう十分お兄ちゃんなのに、どうして自分にはくれないのだろう）と思ったのだと思います。

そんなわたしが、初聖体のお恵みにあずかったのは小学校二年生の時です。でも、その時のことは、と言うと……、何にも覚えていません。ただかすかに、行列の時、持っていたろうそくの火で前髪を焦がしたという記憶が残っているだけです。

わくわくして待っておられる

そんな者が司祭となって、初聖体の子どもたちの準備を担当していることが不思議ですが、わたしは毎年、準備の時に子どもたちに尋ねるようにしています。

「みんなは、初聖体を受けることを、どんなふうに思っているの？　どんな気持ちでいるの？」……そう尋ねると、みんな「う〜ん」となりますが、しばらくするといろいろな答えが返ってきます。

「イエスさまが、こころに来てくださるので、うれしい」と静かに言う女の子もいれば、首を斜めに傾けたまま、言葉が出てこない子もいます。「パンがどんな味がするのか、早く食べてみたい」という男の子もいれば、「よく分からない？」という促しに、コクンとうなずく子もいます。「あのねえ、お母さんが『行きなさい』って言ったから（初聖体準備に）来たんだよ」と言う子もいます。

ひとしきりみんなの感想を聞いた後、感想を聞かせてくれてありがとう、と言った後、わたしは子どもたちに、「イエスさまはみんなの初聖体の日を、わくわくして待っておられると思うよ」と話すようにしています。毎年必ず、そう話すようにしています。

すると子どもたちは意外なほど、（へえ、そうなんだ……知らなかった）という顔をします。「そうだよ、イエスさまはわくわくして、みんなの初聖体の日を待っておられるんだよ」。だから、心を込めて準備をしましょう、と話します。

（そうなんだ……知らなかった）意外なほど、子どもたちはそういう顔をするのです。

神さまの親心に心を寄せて

でも、これは子どもたちだけのことではないかもしれません。

ご聖体の交わりを通して、一緒に生きる者となることを、イエスさまは、そして神さまは、どんなに望んでくださっていることか……、そのことをわたしたちも決して十分に分かっているとは言えないと思います。

時折、実家にいる年老いた母に顔を見せると、思いがけないほど、喜んでくれます。親がどんな思いで待っているのか、子どもは意外なほど知らないでいるのかもしれません。

ご聖体の交わりを通してわたしたちが、イエスさまと、そして父である神さまと一緒の向きで生きるようになることを、親である神さまはどれだけ待ち望んでおられることか……。初聖体にあずかる子どもたちと一緒に、神さまの子どもとして思いめぐらしたいと思います。

いやしの秘跡・ゆるし

神さまは赦し

「秘跡」とは、「神さまの目に見えない恵みの、目に見えるしるし」のことです。ですから「ゆるしの秘跡」と言えば、それは「神さまの目に見えない『ゆるし』の恵みの、目に見えるしるし」ということになります。この「秘跡」という目に見えるしるしを通して、わたしたちは「神の赦し」に出会わせていただくのです。

ところでわたしたちが、「ゆるしの秘跡」を考える時、まず第一番に知らなければならないのは、神さまが「赦しそのもの」というお方だということです。神さまは「赦し」というお方。すべての人をすでに赦しておられるお方なのです。その「神の赦し」の目に見えるしるしが、「ゆるしの秘跡」です。

◇

ゆるしの秘跡を受ける時、秘跡を受ける方は、まず司祭と一緒に、「父と子と聖霊のみ名によって。アーメン」と十字のしるしをします。次に司祭は、秘跡を受ける方に、「回心を呼びかけておられる神の声に心を開いてください」と呼びかけ、続いて聖書の一節を短く朗読します。

「その時、イエスは言われた。『もし人の過ちを赦すなら、あなたがたの天の父もあなたがたの過ちをお赦しになる。しかし、もし人を赦さないなら、あなたがたの父もあなたがたの過ちをお赦しにならない』」（マタイ6・14〜15）。

◇

「あれ？　さっき『神さまはすべての人をすでに赦しておられる』と言われたけれど、やっぱり、（もし人を赦さないなら）『お赦しにならない』とあるではないか……」とお思いになった方があるかもしれません。矛盾するように感じられるこの点については、もう少し説明が必要と感じました。

神の赦しに出会わせていただくために、人間の赦しが必要

すべての人をすでに赦しておられると言う時、「神の赦し」とは一体何でしょうか。わたしは、「神の赦し」とは、すべての人に神さまが「共にいてくださる」という真実のことだと思います。

創世記の中に「主なる神は土の塵《ちり》で人を形づくり、その鼻に命の息を吹き入れられた。人はこうして生きる者となった」（2・7）と書かれています。息とは神さまのいのちそのもの。すべての人間の中に、神さまが共にいてくださいます。これこそが「神

の赦し」です。

たとえわたしたちの行いに悪いところがあっても、足りないところがあっても、神さまはわたしたちと共にいてくださるのです。これが「神の赦し」です。

しかし、この〝すでにわたしたち一人ひとりと共におられる〞「神の赦し」に、わたしたちが出会わせていただくためには、わたしたちがする「人間の赦し」が必要です。わたしたちが人を赦さないなら、もうすでに到来している「神の赦し」に、わたしたちが出会えないのです。

そのことをイエスさまは、「しかし、もし人を赦さないなら、あなたがたの父もあなたがたの過ちをお赦しにならない」と表現しておられます。神さまが赦さないのではなく、人間が「もうすでに到来している神さまの赦し」に出会えないのです。

「神の赦し」の真実を認める

では、わたしたち人間が求められている「赦し」とは何でしょうか。それは「神の赦し」を「認めること」です。

「神の赦し」とは、どんな人にも「神さまが共にいてくださる」という神の真実です。ですから、その真実を認めることが、わたしたちに求められている「人間の赦し」なのです。

わたしたちが求められている「人間の赦し」とは、もっと平たく言うなら、「すべての人に神が共におられることを『認める』こと」です。たとえ自分がそう感じなくても「認める」。そう思えなくても「認める」。「アーメン」する。そう納得できなくても「認める」。そうしたくなくても「認める」。神さまがあなたと共におられると「認める」。首を縦に振る。これが、わたしたち人間に求められている「人間の赦し」だと思います。

さて今、「神があなたと共におられることを認めること」が「人間の赦し」だと書きましたが、実はこのことは、わたしたちと共にいてくださる赦しの神さまが、一緒の向きでしてくださっている神のみわざです。だから「人を赦す」時、わたしたちは「神の赦し」、すなわち「神が共にいてくださる真実」に出会わせていただくのです。

しかしわたしたち人間がかたくなに、自分の「感じ」「思い」「納得」「気分」に固執し、神さまが共におられるという「神の赦し」の真実を「認めない」時、共にいてくださる神さまと、決して出会うことができません。

一緒に生きたいと望まれる神さまを傷つけ、悲しませるわたしたちの「的外れ」が「罪」と呼ばれる状況なのです。

神の赦しとの出会いをいただく

司祭は言葉を続けます。「神の慈しみに信頼して、あなたの罪を告白してください」。秘跡を受ける者は、自分の罪を告白します。罪とは「的外れ」。自分にも、人にも、神さまが共にいてくださる「神の赦し」の真実を認めないことです。

一方、告白とは、自分の的外れを認めることです。「自分は間違っていました。神さまはおられます。自分にも、あの人にも共におられます。認めます」。

司祭は、「わたしは、父と子と聖霊のみ名によって、あなたの罪を赦します」と言います。その言葉を通して、イエスさまご自身が、秘跡を受ける人の中に「神さまが共におられる」真実との出会いを、はっきりと満たしてくださいます。

いやしの秘跡・病者の塗油

体と魂の名医師

イエスさまの周りにはいつも、大勢の人が集まっていました。病気に苦しむ人、汚れた霊に悩まされていた人々……。彼らは皆、何とかしてイエスさまに触れようとしました。それは、「イエスさまから力が出て、すべての人の病気をいやしていたから」（ルカ6・19参照）です。

また、イエスさまは十二人の使徒を呼び寄せ、汚れた霊に対する権能をお授けになりました。そして、二人ずつ組にして派遣されました。彼らは「多くの悪霊を追い出し、油を塗って多くの病人をいやし」ました（マルコ6・13参照）。

イエスさまは、ご自分の死と復活の後、さらに多くの人を通してお働きになられました。そこで「主ご自身」がお働きになっておられることを、「使徒ヤコブの手紙」は、次のように書き表しています。

「あなたがたの中で病気の人は、教会の長老を招いて、主の名によってオリーブ油を塗り、祈ってもらいなさい。信仰に基づく祈りは、病人を救い、主がその人を起き上がらせてくださいます。その人が罪を犯したのであれば、主が赦してくださいます」

（ヤコブ5・14〜15）。

死と復活の出来事から、二千年近くがたった今も、イエスさまは「秘跡」というしるしを通してわたしたちに「触れ」、わたしたちをいやし続けておられます。そのイエスさまのいやしとの出会いのしるしとなるのが「病者の塗油」の秘跡なのです。

主キリストご自身からの恵み

病者の塗油の秘跡の中心的な要素は、①教会の長老（すなわち司祭）が、黙ったまま病人に按手（頭に手を置くこと）すること、②教会の信仰に基づき、病人のために祈ること、そして③司教が祝福した油を用いて塗油を行うこと、です。

その中でも③の「塗油」が秘跡の中心になります。その時、司祭は司教によって祝福されたオリーブ油を、塗油を受ける人の「額」と「掌《てのひら》」に塗りながら、同時に次のことばを唱えます。

「この聖なる塗油により、
いつくしみ深い主・キリストが
聖霊の恵みであなたを助け、

罪から解放してあなたを救い、
起き上がらせてくださいますように」。

このことばからも分かるように、秘跡を通して働かれるのは、主キリストご自身です。

主が与えてくださる第一の恵みは、重病あるいは老衰からくる困難を克服するために、霊魂を励まし、平和と勇気を与えてくださるということです。この恵みは、神への信頼と信仰とを新たにし、死に直面して落胆したり苦悩したりする気持ちを起こさせる、悪魔の誘惑に抵抗する力を与えてくださる、聖霊のたまものです。

また主イエスは、霊的な救いに役立つ場合はその人の健康を回復させ、その人が罪を犯したのであれば、ゆるしてくださるのです。

イエスさまのいやしは不思議

以前、九十九歳のおばあちゃんのご家族から電話があって「神父さま、おばあちゃ

んに病者の塗油をお願いします。もう四日も食べていないので、お医者さんももう危ないとおっしゃっています」とのことでしたので、お昼過ぎに塗油のためにご自宅に伺い、お祈りをして帰って来ました。すると、夕方頃電話があり、「神父さま、おばあちゃんがご飯を食べています！」ということでした。

半年ぐらいして、また同じように電話があり、「おばあちゃんは今日で四日も食べていないので、申し訳ありませんが神父さま、また病者の塗油をお願いします」と言われ、前回と同じようにお祈りをして帰って来ました。すると、夕方頃電話があり、「神父さま、おばあちゃんがご飯を食べています！」ということでした。

その後、おばあちゃんは無事百歳を迎えられました。そしてまた半年ぐらいして電話があり、その時は、「神父さま、おばあちゃんは亡くなりました」という知らせを受けました。

神さまのゆるしは偉大

わたくしの知り合いに、戦後すぐ、その方が中学生の時分に、「缶詰爆弾」という物に誤って触れてしまい、それが爆発して、左手の手首から上を失ってしまったという方がおられます。その方は、二十歳ぐらいの頃に洗礼を受けられたのですが、洗礼を受けて間もない頃に、ある外国人の神父さまに、その怪我《けが》のことに触れて「神さまの計画」と言われたのだそうです。それ以来、こんなひどいことを計画する神など何者だと思い、斜《しゃ》に構え、強く反発するようになってしまわれたのだと言います。高齢になられ、入院されて、もう食事もリハビリも拒否されるような状況になっておられたのですが、その方が書かれたメモの中に、「最後の時には、神父にお祈りをしてもらいたい」という言葉があったのだそうです。それで、その妹さんがわたくしに連絡をして来られました。

病室のベッドの上に上半身を起こしておられるそのお方に、「額と掌に油を塗って祈る祈りをしますよ」と申し上げると、「うん」とうなずかれ、祈りは目を閉じて聞いておられました。油を塗り、ご聖体を四分の一に割ってお授けすると、そのお方は、手を合わせて、きれいな目で前を向いておられました。ご家族の目には、とてもあり得ない光景であったということです。

そのお方は、ちょうどその一か月後に、神さまのもとに召されました。イエスさまの赦しといやしに直接触れて、今は「神

さまの計画」の中に頭を下げておられることと思います。

交わりをはぐくむための秘跡・叙階

使徒・キリストの代理者

イエスさまのお望みとは、天の父の御心を行うことです。「わたしが天から降って来たのは、自分の意志を行うためではなく、わたしをお遣わしになった方の御心を行うためである」（ヨハネ6・38）と言われるとおりです。

そして、天の父の御心とは、わたしたちが永遠のいのちを得ることです。「わたしの父の御心は、子を見て信じる者が皆永遠の命を得ることである」（同6・40）と言われるとおりです。

「永遠の命を得る」とは、永遠のいのちである神さまと一緒に生きることです。イエスさまは、父である神さまと一緒に生きておられました。だからイエスさまは、その「ご自分と一緒に生きること」を通して、わたしたちが、神さまと一緒に生き、永遠のいのちを得ることになると知っておられたのです。

わたしたちすべての人間と一緒に生き、わたしたちすべての人間に永遠のいのちを得させるために、イエスさまは、十二人を任命し「使徒」と名付けられました。

イエスさまが使徒をお立てになった理由は、福音書に「彼らを自分のそばに置くため、また、派遣して宣教させ、悪霊を追い出す権能を持たせるため」（マルコ3・14〜15）と、はっきりと書かれています。

「悪霊を追い出す権能」とは、ご自分のいのちそのもののこと。つまり、彼らの中にご自身が住み、彼らの中で働かれるために、イエスさまは使徒をお立てになったのです。

彼らを通して、すべての人に出会うために、イエスさまは使徒たちを派遣されました。そして、「全世界に行って、すべての造られたものに福音を宣べ伝えなさい」（マルコ16・15）とお命じになったのです。

司教・使徒の後継者

「叙階」とは、キリストが使徒たちに委ねられたその使命を、世の終わりまで教会において続けさせる秘跡です。つまりイエスさまが十二人を任命し、「使徒」と名付けられたそのみわざを、「イエスさまが今も行っておられる」ことの、目に見えるしるしが「叙階」の秘跡なのです。司教とは「使徒の後継者」。叙階の秘跡には「司教」「司祭」「助祭」の三つの段階があります。

さて、洗礼を受けたキリスト者は皆、聖霊によってキリストと共に生きる者とされています。それゆえ、必然的にキリストの使命に生きる者となります。

キリストは「神と人との間の唯一の仲介者」（一テモテ2・5）であり、唯一の「大祭司」（ヘブライ5・10）です。「洗礼」および「堅信」の秘跡によって、すべてのキリスト者の内には、仲介者であり、大祭司であるキリストが共に生きてくださっています。

それゆえ、すべてのキリスト者は、キリストの祭司職を持つ者として聖別されています。このことを、少し難しい言い方になりますが、キリスト者の「共通祭司職」と言います。

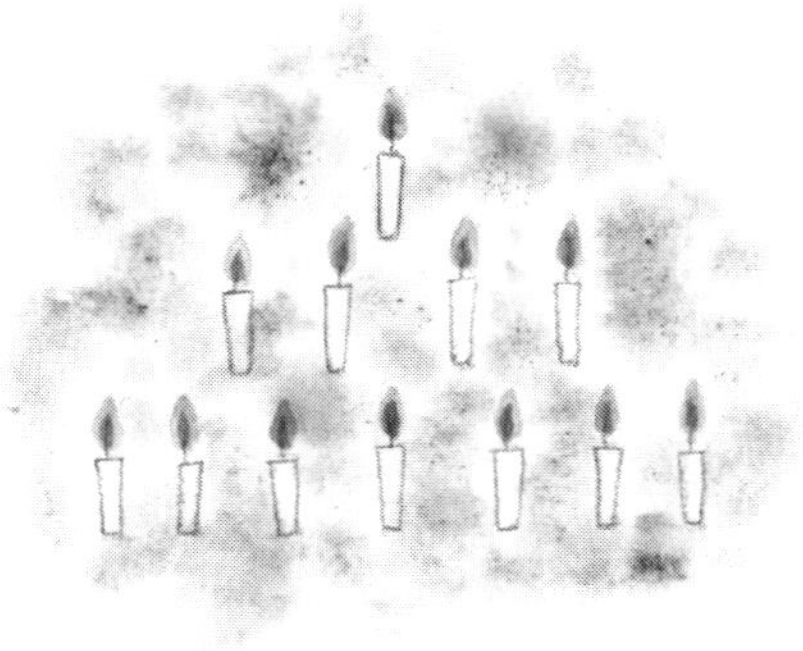

一方、「叙階」の秘跡によって授けられる「職位的祭司職」は、共に「キリストの唯一の祭司職」に参与するものでありながらも、「共通祭司職」とは本質的に異なるものです。それは、共通祭司職に奉仕し、すべてのキリスト者の洗礼の恵みの展開を助ける「奉仕の役務」なのです。
叙階された役務者は、「奉仕するための権能」を与えられます。その権能とは、愛によって一番低い者となり、皆に仕える者となられたキリストのいのちと一致することです。そして、教えること（教職）、祭儀をつかさどる

こと（祭職）、司牧すること（牧職）、を通して神の民に仕えます。

叙階の秘跡は、使徒を任命されたキリストが、今も使徒の後継者を任命しておられることの、目に見えるしるしです。それは、キリストがご自分の教会を築き、導くために用いられる手段の一つなのです。それで、使徒の後継者である司教には、司祭と助祭を「叙階する権能」が与えられているのです。

司祭・司教の協力者

第二バチカン公会議の「教会憲章」28項によれば、「司祭は司教の賢明な協力者、その助手、その道具」です。それゆえ、司祭がその職務を果たすには、司教に従属し、司教と一致していなければなりません。

しかし司祭は、叙階の秘跡によって、祭司キリストの姿に似たものとなるように聖別されています。それゆえ司教の祭司職に結ばれて、ミサ聖祭を執行し、そこでキリストの代理者として行動し、神の愛を告げ、信者の祈りをキリストの死と復活の神秘に結び合わせ、神が共にいてくださる真実に出会わせるように働くのです。

助祭は祭司職のためではなく、奉仕の務めのために叙階を受けます。助祭は「奉仕」

の任務にあって、特に司教に結ばれています。

叙階の秘跡は奉仕者の創造

叙階の秘跡は、「叙階式」と呼ばれるミサの中で行われます。秘跡の本質的な部分は、受階者の頭に司教が按手し、聖別の祈りを唱えるところです。この祈りは、受階者の上に聖霊が注がれ、これから行うべき奉仕に必要な聖霊のたまものが与えられるようにと、神に願うものです。

わたくし事で恐縮ですが、わたしは一九九七年に司祭叙階を受けました。最初の教会に赴任して半年過ぎた時、もう十年ぐらいたった気がしていました。「半年前に叙階式……そんなことがあったっけ……」と遠い昔のことのように感じたのを覚えています。

おそらく、秘跡を通して、人との関係性が全く変えられたのだと思います。そして奉仕者として創造するために、神さまは出来の悪い道具を、一生懸命叩き上げてくださったのではないかと思います。

交わりをはぐくむための秘跡・結婚

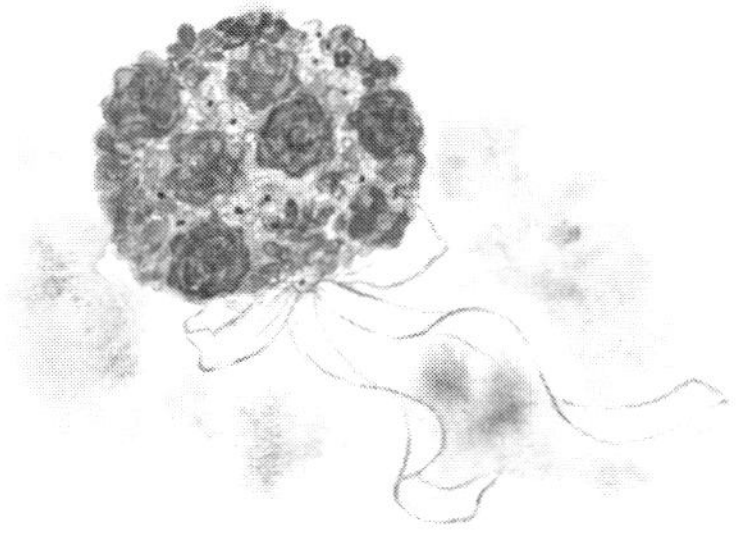

結婚の創設者は神さま

夫婦によって結ばれる、結婚という、生命と愛の深い絆の共同体は、神さまが創設されたものです。結婚への召し出しは、創造主によって造られた男女の本性に刻み込まれています。

旧約聖書の始めに、次のように記されています。

「神は御自分にかたどって人を創造された。神にかたどって創造された。男と女に創造された。神は彼らを祝福して言われた。『産めよ、増えよ、地に満ちて地を従わせよ』」（創1・27、28）。

また、同じ創世記には、神さまが創設なさった「結婚」の本質が、ごく短い言葉で言い表されています。

「主なる神は言われた。『人が独りでいるのは良くない。彼に合う助ける者を造ろう』」（同2・18）。

これが、神さまが創設された、結婚という絆の本質です。

主なる神は、土の塵で人（アダム）を形づくり、その鼻に命の息を吹き入れられ（同2・7）ました。人はこうして生きる者となったのです。さらに主なる神は、「彼に合う助ける者」を造るために、人を深い眠りに落とされ、あばら骨の一部を抜き取り、そのあばら骨で女を造り上げられたのです（同2・7、21以下参照）。

《彼に合う》はヘブライ語で「ゲネグド」ですが、「ふさわしい」「向かい合って」「対応して」という意味です。《助ける者》は「エーゼル」という単語ですが、これは、助け主である神の「助け」を意味する言葉だそうです。

お互いが向き合って、呼応しつつ、神の助けを表し合って生きる二人とするために、神さまは結婚という絆を創設されたということです。それゆえ、神さまのみ心に結ばれて生きる受洗者同士の結婚は、神の愛の秘跡とされているのです。

助け合いと命への召し出し

現在わたくしがおります教会は、比較的結婚式の多い教会で、結婚式を望まれるさまざまなカップルが、司祭館を訪れます。申し込みの際に記入していただく、「挙式申し込み書」は日本全国のカトリック教会共通です。

挙式申し込み書の最初に、—カトリック教会での結婚式を望まれるお二人へ—というタイトルで、カトリック教会が「結婚」というものをどのように理解しているのかを説明する文が書かれています。わずか数行の短い文章ですが、結婚という絆を創設された神さまのご意志がどのようなものであるかを表す、極めて重要なものです。それで、申し込みの際には、まず、その内容をゆっくりと説明するところから始めます。その文章の前半は次のとおりです。

「カトリック教会では、結婚は男女の自由な合意によって成り立ち、相互の愛と忠実に根ざす厳粛な誓約で、神によって結ばれる生涯にわたる絆とされています。また結婚は夫婦の人格の完成、ならびに子女の出産と育成を目的としており、社会の中で独自の使命をもっています」。

この言葉の説明の中で、わたくしは特に、「また結婚は夫婦の人格の完成、ならびに子女の出産と育成を目的としており」というところでは立ち止まって、必ずお二人に二つのことをお尋ねするようにしています。

「お二人の考える結婚は、お互いがお互いの人格を高め合うために、助け合い、協力し合うというご結婚ですか」。

「お二人の考えている結婚は、神さまがお望みになるのなら、お二人の間に、新しい命が生まれてくることに対して、望みが開かれているご結婚ですか」。（子どもが生まれるか、生まれないかではありません)。

そして、その両方に同意があるのでないならば、教会はその結婚を、神さまがお喜びになる結婚として、祝福することができない立場にあるのだということを申し上げます。すると、ほとんどの方が、びっくりされたような顔をなさるのですが、でもまたほとんどの方が、お互い顔を見合わせて「はい、同意します」とおっしゃるのです。

神さまが創設なさった結婚という絆は、まことに互いの助け合いと命への召し出しです。

「愛する」と「好き」

結婚式の中心は「誓いの言葉」です。新郎・新婦は一緒に誓いの言葉を言います。「わたしたちは夫婦として、順境にあっても逆境にあっても、病気のときも健康のときも、生涯、互いに愛と忠実を尽くすことを誓います」。

わたくしは結婚講座の中で必ず、「好き」と「愛する」とは違うということをお話しします。「好き」は相手(人でも物でも)の持つ何らかの要因が、自分の感性を惹《ひ》きつけるという関係です。相手が惹きつけてくれる限り好きで、惹きつけてくれなくなったら、好きが終わります。そしてそれは《相手が持つ何らかの要因》が「主人」、

《惹きつけられる自分の感性》は「従者」という「主従関係」です。

しかし「愛する」は、自分の意志をもって、相手を「大切にし」「思いやり」「豊かにする」、自由で主体的な選びです。

順境・逆境、病気・健康は「好き・嫌い」の要素ですが、結婚の誓いにはそれにもかかわらず愛し合う、意志が求められています。

神の助けを表し合う

夫婦の真の助け合い、「エーゼル」とは何でしょうか。わたくしは、お互いの内に、「神さまが共にいてくださる真実」を認め合うことだと思います。それこそが神の助けです。

どんな時にも、「神さまがあなたと共におられます」と祈り合う夫婦とするために、神さまは二人を出会わせたのだと思います。そして、そう認め合う二人の内に、神さまはご自身をお現しになるのです。

キリスト者の最後の過越・葬儀

キリスト教の葬儀

この一年、このコーナーでは「秘跡による救いのみわざ」について思いめぐらしてきました。その最後になる今回は、「葬儀」を通して、神さまがわたしたちに働きかけてくださっていることに目を向けてみたいと思います。

わたしたちはこの世に生を受けたからには、必ずその死の時をも迎えます。誰一人、死を避けることができる者はいません。すべての人が必ず、いつかは迎えなくてはならない「死」は、圧倒的な力をもってわたしたちに迫ってきます。

愛する者の死は、人を悲しませ、落胆させ、喪失感に陥らせ、時に生きる希望を失わせてしまいます。そのように悲しみに沈む家族のために、また家族と共に、教会は葬儀を行います。共同体が行うキリスト教葬儀は、教会の典礼祭儀です。教会が行う典礼祭儀を通して、そこにイエスさまがお働きになっておられるのだと思います。

今、わたしたち教会が行う葬儀の中で、イエスさまは、どのように働きかけてくださっているのでしょうか。また、今わたしたち教会が行う葬儀に、イエスさまは、どうあってほしいと望んでおられるのでしょうか。

葬儀の場でのイエス

愛する者を失って悲しみに沈む人に対して、イエスさまはどのように接し、また、何をなさったのでしょうか。

福音書の中に、ある母親の一人息子が死んで、棺が担ぎ出される場面が描かれています。それは、言うならば葬儀の場面です。イエスさまは、そこに立ち会われます。その母親はやもめであって、町の人が大勢そばに付き添っていました。

◇

主はこの母親を見て、憐れに思い、「もう泣かなくともよい」と言われた。そして、近づいて棺に手を触れられると、担いでいる人たちは立ち止まった。イエスは、「若者よ、あなたに言う。起きなさい」と言われた。すると、死人は起き上がってものを言い始めた。イエスは息子をその母親にお返しになった（ルカ7・11～15）。

◇

これが、イエスさまが葬儀の場においてなさったことです。突拍子もないとお感じになられるかもしれませんが、わたしはこのことこそ、イエスさまがまさに今日、

わたしたち教会が行う葬儀を通して、「なさろう」と働きかけておられることなのだと思います。また、「そうあってほしい」と望んでおられることなのだと思います。

わたしはイエスさまが、今、わたしたち教会が行う葬儀の場において、「棺から死者を生き返らせること」を望んでおられると申し上げているのでしょうか。いいえ、そうではありません。イエスさまがお望みになるのは「息子を母親に返す」こと。亡くなられた方を、この世にいる悲しむ人々にお返しすることである、と申し上げております。

息子を母親に返す

一人息子を亡くした母親は、泣き悲しんでいました。死が二人の間を引き裂いてしまったと思われたからです。

しかし、イエスさまはそのことを深く憐れまれました。それは、人間のいのちは、決して死で終わってしまうものではなく、死を超えて深く交わりを持ち、共に生きることのできるいのちであることを、よくご存じだったからです。

それで母親に、「もう泣かなくともよい」と言われたのです。

イエスさまは近づいて、棺に手を触れられ、「若者よ、あなたに言う。起きなさい」

と言われました。すると人々から「死んだもの」と思われていた人は起き上がり、ものを言い始めました。

イエスさまの働きかけによって、亡くなった方は「失われてしまった」のではなく、まさに今、「交わって」「出会う」ことのできるいのちであることを、はっきりと表明されたのです。

死によって引き裂かれてしまったと思われたいのちの絆を、再び「出会って」「交わる」ことのできる関係に入れること。これこそ「息子を母親に返す」ということであり、今日、イエスさまが教会の葬儀を通してなさっておられることなのだと思います。

一緒の向きで共にいてくださる

カトリック教会での葬儀は、ミサを通して行われることがほとんどです。それは葬儀とは、キリスト者の最後の過越、つまりキリストの死と復活の神秘にあずかることだからです。

一般に葬儀の時には、キリスト信者でない方がたくさん参列されるので、司式者は分かりやすい言葉で話すように工夫する必要があります。

わたしは弔問の時も、通夜の時も、葬儀の時も、火葬の時も、ご遺族のごく近しい方に必ず話すようにしていることがあります。それは、「亡くなられた方が、生きて共におられた時よりも、『もっと深く』、『もっといつも』、そして『もっと一人ひとりと』一緒にいるいのちとなっておられる」ということです。

このことは、絶対に言って差し上げなければならないと思っています。なぜなら、復活のキリストがそういうお方だからです。生きて共におられた時よりも、「もっと深く」「もっといつも」、そして「もっと一人ひとりと」共にいてくださるからです。

私事で恐縮ですが、昨年父が九十一歳で亡くなりました。わたしは父が、わたしの内に、わたしと一緒の向きで、共にいてくださると理解しています。

わたしはキリストに直接お会いしたことはありませんが、わたしに返してくださった父を通して、わたしに父を返してくださったキリストご自身が、わたしに働きかけてくださっているのだと思っています。

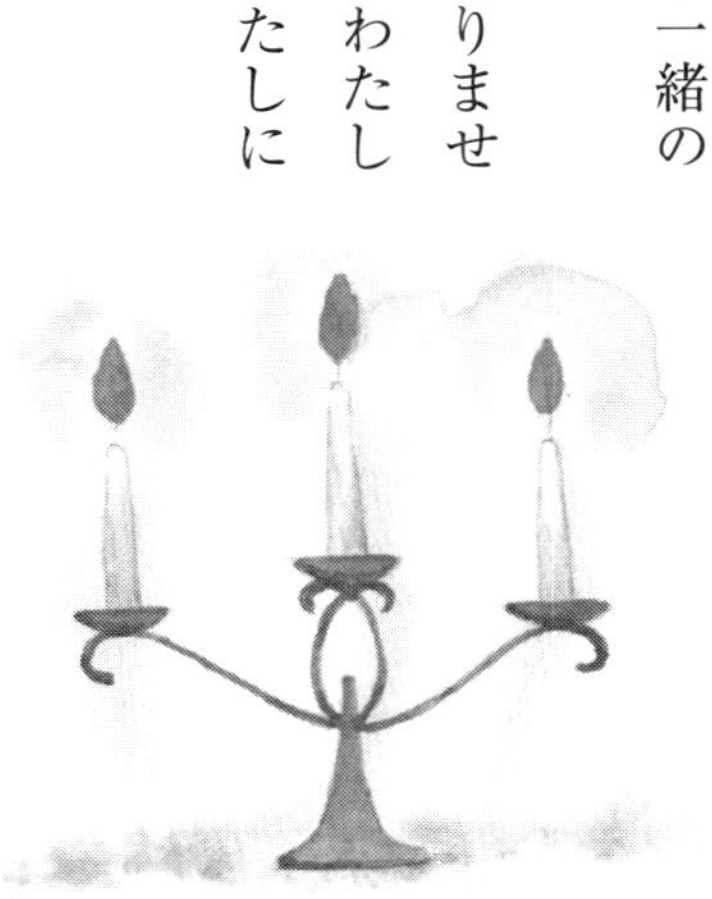

光・イエスさまと共に捧げるミサ

はじめに

ミサを捧げる時に

わたしは小教区の主任司祭をしておりますが、クリスマスの時期や、創立記念日などの機会に、カトリックミッション校でミサを捧げるように依頼されることがあります。

体育館や講堂に、場合によって数百人の児童生徒、そして職員の方々が集まります。多くの場合、そのほとんどが洗礼を受けておられない方々です。そのような方々と共にミサをお捧げする時に、わたくしがまず、第一番にすることは全員を見て祈ることです。

「神さまがあなたと共におられますよ」「あなたは神さまの子どもでいらっしゃいますよ」「あなたは神さまがお住まいになっておられる、神の家ですよ」「神さまは、あなたと一緒の顔とからだの向きで、共にいてくださるのですよ」「どんな時でも、何があっても、決してあなたから離れることのないお方なのですよ」。そして、「あなただけでなく、すべての人に対してそういうお方なのですよ」と、できる限り一人ひとりを見てお祈りをいたします。

小教区でミサを捧げる時も、基本的には一緒ですが、でも洗礼を受けておられない方がほとんどであるような学校でミサをする時には、特に気合いを入れて（?）お祈りいたします。一人ひとりを見るしかたを通して、福音の朗読を通して、説教を通して、「神さまがあなたと共におられる」という真実を何とかして伝えようと努力をいたします。

抽象的な言い方なのですが、「神さまが共におられる」という「神さまの真実」の中で、そこに集うすべての皆さんが、温かくなるようにと願って、お祈りを続けます。

イエスさまは光

マタイによる福音書は、ガリラヤで伝道を始められたイエスさまを見て「旧約の預言が実現したのだ」、と考えました（マタイ4・14参照）。

「暗闇に住む民は大きな光を見、死の陰の地に住む者に光が射し込んだ」（イザヤ9・1）。

マタイは、イエスさまこそ、この預言の実現だと考えたのです。イエスさまこそ、長い間待ち望んでいた方、救い主、平和の君。そしてそのありさまは、まさに暗闇に射し込む「光」であったのです。

その光のもとに大勢の人が集まりました。いろいろな病気や苦しみに悩む者、悪霊に取りつかれた者、てんかんの者、中風の者など、あらゆる病人が連れて来られました。そしてイエスさまは、その人々を癒やされました。

イエスさまは「光」。「暗闇に住む民が見た大きな光」。イエスさまは「死の陰の地に住む者に射し込んだ光」。イエスさまはまさに「光」そのものでいらっしゃるお方です。

イエスさまの光

イエスさまは「わたしは世の光である」（ヨハネ8・12）と言われました。イエスさまの光、イエスさまが照らされた光とは、どのような光なのでしょうか。

わたしは、それはサーチライトのように、わたしたちの悪や過ちを暴き出すような光ではないと思います。そうではなく、イエスさまの光とは、わたしたちの中に過ちがあり、悪があるにもかかわらず、その最も奥深くに「神さまが共にいてくださる」という「神の真実」があることを照らし出してくださる「光」なのだと思います。

イエスさまのもとに集まってきた大勢の群衆を見て、イエスさまは山に登り、口を開き、教えられました。

「幸いだ。心の貧しい人々」。

「幸いだ。悲しむ人々」。

「幸いだ。義に飢え渇く人々」（マタイ5・3以下参照）。

貧しさも、悲しみも、飢え渇きも、人の世の価値観からすれば、「不幸」の範疇です。しかし、イエスさまはその奥にある「神さまが共にいてくださる真実」を見て、照らしてくださいました。

その真実に、出会わせていただいた者の幸い……。それが、イエスさまが告げられた「幸い」でした。神の他に、何もより頼むものをもたない人々、すなわち、「心の貧しい人々」が、その「幸い」にあずかったのです。

あなたがたは世の光である

世の光でいらっしゃるイエスさまは、その人々に向けて、続けてお話しになりました。「あなたがたは地の塩である」「あなたがたは世の光である」（マタイ5・13、14）。

「山の上にある町は、隠れることができないだろう？　また、ともし火をともして升の下に置く者はいないだろう？　燭台の上に置くだろう？　そのように、あなたがたの光は、隠すこともできないし、また隠すためではなく、照らすための光なのだよ」（同5・14、15参照）と、イエスさまはおっしゃるのです。

イエスさまの光に照らされて、「神さまが共におられる真実」に出会わせていただく時、わたしたちも光とされます。そしてその光とは、隠すための光ではなく、照らすための光です。自分の隣人の中の悪を暴き出すのではなく、その奥にある「神さまが共におられる真実」を照らすための光とされるのです。

◇

イエスさまは光。どんな時もわたしたちを照らしてくださいます。しかし、「ミサ」を通して一層はっきりとわたしたちを照らしてくださいます。照らされたわたしたちを、一層はっきりと、多くの人を照らすための「光」とするためです。

この一年、ミサを通して照らされるイエスさまの光を受け取り、わたしたちも光として、共にミサを捧げることができるよう、思いめぐらしてみたいと思います。

主の晩餐とパンを裂く祈り

「このように行いなさい」

ミサは全世界の教会で、毎週日曜日ごとに盛大に祝われています。また、いろいろな場所で毎日毎日捧げられています。

どうして毎日ミサが行われているのですかね。また、なぜミサにあずからなくてはならないのでしょうね……？　そんなことを、お子さんに聞かれたことがあるかもしれませんね。あるいは、ご自分の心の中に、そのような思いが浮かんできたことがあるかもしれません。

答えは単純です。それはイエスさまがそう「お命じになった」からです。

「主イエスは、引き渡される夜、パンを取り、感謝の祈りをささげてそれを裂き、『これは、あなたがたのためのわたしの体である。わたしの記念としてこのように行いなさい』と言われました」（一コリント11・24）。

「わたしの記念としてこのように行いなさい」……そうイエスさまが言われたので、二千年間、言いつけを守って行っているのがミサというお祈りです。ミサは「主の晩餐」の記念祭儀であり、イエスさまは「このように行いなさい」と、その「やり方」まで示されたのです。

主の晩餐は、イエスさまが一人でなさったのではありませんね。弟子たちと一緒になさったのです。ですから今、「わたしの記念としてこのように行いなさい」と命じられているなら、わたしたちはそれぞれの役割に応じてミサを祝うことになります。すなわち、司祭であるならばミサを司式し、会衆であるならば、キリストの弟子としてその食卓を囲むのです。

最後の晩餐の時、十二弟子の一人くらいは居なくてもよかったでしょうか? ダメだったはずです。もし一人欠けていたなら、イエスさまは捜されたに違いありません。そして、今でもイエスさまはわたしたち一人ひとりを呼んでおられるのです。それが弟子であるわたしたちがミサにあずからなくてはならない理由です。

パンを裂く祈り

主の晩餐が行われた翌日、イエスさまは十字架にかけられて亡くなられました。そして葬られ、三日目に復活して弟子たちに姿をお現しになります。

復活のイエスに出会った弟子たちは、イエスさまが、より深く、よりいつも、そして、より一人ひとりと共にいてくださるいのちとなられたことを理解し、イエスさまと一緒の向きで生きるいのちになっていきました。その様子を、使徒言行録は次のように記しています。

「(信者たちは)毎日ひたすら心を一つにして神殿に参り、家ごとに集まってパンを裂き、喜びと真心をもって一緒に食事をし、神を賛美していた」(使徒言行録2・44以下参照)。

ここで、「家ごとに集まってパンを裂き」とあるのが、イエスさまがお命じになった記念祭儀であり、今、わたしたちがミサと呼んでいる祈りの原型です。

家ごとに集まってパンを裂きながら、弟子たちはいったい何を思ったのでしょうか。

一緒に食事をした思い出

何よりもまず、主の晩餐の出来事を思い出したでしょう。その時のイエスさまのお姿を思い出しながら、弟子たちは命じられたように、パンを取り、賛美の祈りを唱えて、それを裂き、仲間の弟子たちに与えながら、「取って食べなさい。これはわたしの体である」と言ったに違いありません。

初めてこの言いつけに従って行った時、弟子たちは泣いたのではないかと思います。

悲しくて泣いたのでもなく、苦しくて泣いたのでもなく、悔しくて泣いたのでもなく、ただ、イエスさまがしてくださった、すべてのことへのご恩を思って泣いたのではないかと思います。

そしてそのお方が、今、パンを裂く自分のうちに、パンを食べる皆のうちに、まさに共にいてくださる……。そのご恩への感謝が胸にあふれて、弟子たちは泣いたのではないかと思います。

そしてまた弟子たちは、イエスさまとご一緒した、数々の食事のことを思い出したのではないでしょうか。

徴税人レビの家で、多くの徴税人や罪人と一緒に食事をした（マルコ２・13）あの時のことや、ファリサイ派のシモンの家で、罪深い女が、イエスの足を涙でぬらし、髪の毛でぬぐい、接吻して香油を塗ったあの時、イエスさまが深く愛して、罪の女を赦されたあの食事（ルカ７・36）のことを思い出したに違いありません。

しかし、数ある食事の中でも、とりわけ繰り返し思い出されたのは、きっと五千人にパンを食べさせた、あの出来事だったのではないでしょうか。

あなたがたが与えなさい

ご自分の後を追って来た大勢の群衆を見て深く憐れみ、いろいろと教え始められたイエスさまに向かって、夕暮れになった時、弟子たちは、「群衆を解散させてください」と言いました。しかし、イエスさまは「行かせることはない。あなたがたが彼らに食べる物を与えなさい」と言われたのです（マタイ14・16）。

弟子たちは「無理だ」と思いました。なぜなら、そこにはパン五つと魚二匹しかなかったからです。しかし、イエスさまはパンを取り、賛美の祈りを唱えて、それを裂き、弟子たちに渡して配らせました。すべての人が食べて満腹し、残りを集めると十二の籠がいっぱいになったのです。

◇

「取って食べなさい。これはわたしの体である」。弟子たちがパンを裂く度に、「あなたがたが与えなさい」と言われた、イエスさまの言葉が甦《よみがえ》ったことでしょう。そして「与える食べ物」とは、そうお命じになったイエスさまご自身の「いのち」のことだったのだ……と、パンを裂き続け、配り続ける中で、弟子たちはその理解を深めていったのだと思います。

主の日

「主の復活の日」

現在、ミサは全世界の至る所の教会で、毎日捧げられています。しかし、ミサがことに盛大に捧げられ、祝われるのはやはり日曜日ですね。

教会の典礼では日曜日のことを「主日」と呼びます。「復活の主日」、「年間第〇〇主日」というように、日曜日と言う代わりに、主日という言葉が使われています。

皆さま、教会がなぜ、日曜日のことを「主日」と呼ぶのか、ご存じですか。それはわたしたちが今、日曜日と呼ぶ日が、まさに「主の日」すなわち「主の復活の日」であるからです。

すべての福音書は、主の復活の出来事が、「週の初めの日」に起こったということをはっきりと記しています。マタイによる福音書にも、「さて、安息日が終わって、週の初めの日の明け方に、マグダラのマリアともう一人のマリアが、墓を見に行った」（28・1）とあります。この後婦人たちは、復活のイエスに出会うことになるのです。

さて、ユダヤ人たちは、神が六日間で天地万物をお創りになり、七日目に安息なさった（創2・7参照）ことから、週の七日目の日を安息日として守りました。この七日目の日は、「安息日」（サバト）と呼ばれましたが、それ以外の曜日には特別な呼び名はありませんでした。

そのため、「第一の日」「第二の日」と序数で呼ばれていましたが、まさに週の初めの日である、第一の日が、主の復活の日であったことから、キリスト者たちによって「主の日」と呼ばれるようになっていったのです。

この「主の日」である主日に、今もわたしたちは集まり、パンを裂いて主の復活を祝うのです。

エマオの弟子たち

ルカによる福音書の二十四章に書かれている、この有名な物語は、「主の復活の日」にミサに集まるわたしたち一人ひとりに対して、イエスさまご自身が、今、「どのように働きかけておられるのか」を、これでもかと言うくらいに、はっきりと書き表しています。ご一緒に確認してみましょう。

「ちょうどこの日、二人の弟子が、エルサレムから六十スタディオン離れたエマオという村へ向かって歩きながら、この一切の出来事について話し合っていた」。……「ちょうどこの日」とはまさに、復活の日。わたしたちの日々の主日の出来事です。

「話し合い論じ合っていると、イエス御自身が近づいて来て、一緒に歩き始められた。しかし、二人の目は遮られていて、イエスだとは分からなかった」。……わたしたちも一緒です。イエスさまの方から近づいて来て、一緒の向きで歩いてくださっているのに、わたしたちは、目が遮られていて分からないのです。

「イエスは、『歩きながら、やり取りしているその話は何のことですか』と言われた。二人は暗い顔をして立ち止まった。その一人のクレオパという人が答えた。『エルサレムに滞在していながら、この数日そこで起こったことを、あなただけはご存じなかったのですか』。イエスが、『どんなことですか』と言われると、二人は言った。『ナザレのイエスのことです』」。……わたしたちも身の回りに存在する不安な状況、戦争やテロ、経済や病気の問題を語り合う中で、希望も持てず、互いに暗い顔をしているのかもしれません。

こんな困難な世界状況の中でわたしたちは、「神さまは一体何を考えておられるのだろうか」と、思ってしまうことがあるかもしれません。

聖書全体にわたり、説明された

二人の弟子はその後、「自分たちが望みをかけていたイエスが、十字架にかけられてしまったこと」、「もう三日目になること」「仲間の婦人が、墓に行って、遺体を見つけずに帰って来たこと」、「天使たちが現れ、『イエスは生きておられる』と告げたということ」などを話しました。するとイエスは言われました。

「『ああ、物分かりが悪く、心が鈍く預言者たちの言ったことすべてを信じられない者たち、メシアはこういう苦しみを受けて、栄光に入るはずだったのではないか』。そして、モーセとすべての預言者から始めて、聖書全体にわたり、ご自分について書かれていることを説明された」。……苦しみを通して栄光を現されるメシアが、今まさにこの世の現実の中に、共にいて働かれていることを悟らせるために、イエスさまご自身が聖書を説明されます。

今日、主日のミサの聖書朗読を通して、イエスさまご自身が、わたしたちに説明なさるのです。

その姿は見えなくなった

その後、二人が無理に引き止めたので、イエスは共に泊まるために家に入られました。

「一緒に食事の席に着いたとき、イエスはパンを取り、賛美の祈りを唱え、パンを裂いてお渡しになった。すると二人の目が開け、イエスだと分かったが、その姿は見えなくなった」。……イエスがパンを裂いてくださった時、二人はイエスだと分かりました。ではなぜ、その姿が見えなくなったのでしょうか？　それは二人がイエスさまと一緒に、一緒の向きで生きるいのちとなったからです。

二人は、「道で話しておられるとき、また聖書を説明してくださったとき、わたしたちの心は燃えていたではないか」と語り合い、大急ぎでエルサレムに引き返しました。その出来事を仲間に告げるためです。その時、二人の歩みそのものが、イエスと一緒の向きで歩む歩み、イエスの復活の真実を告げる「出来事」となっていました。

これが、今日、わたしたちの主日に起こっていることです。イエスさまは、ミサの聖書を通してわたしたちの心を燃やし、聖体のパンを通して、「あなただ！」と悟らせ、一緒の向きで生きるいのちとして共にいて、わたしたちを派遣されます。

この世に苦しみがあっても、「主である神が、あなたと共にいてくださる」という真実を照らし、一緒に生きるよう励ます「光」として派遣されるのです。

「主は皆さんとともに」

心を向けるために

ミサが始まる前には、皆さん静かにしますね。子どもの皆さんであるならば、だれでも少なくとも一度や二度は、「ミサが始まるから、静かにしなさい」と、言われた経験があるでしょう。

なぜ、ミサの前には皆、口を閉じて静かにするのでしょうか？　それは、すべての人と共にいてくださる神さまにわたしたちの心を向けるためです。

わたしたちの父である神さまは、すべての人と共にいてくださるお方です。あなたにもわたしにも、女の人にも男の人にも、子どもにも大人にも、お年寄りにも赤ちゃんにも、「悪人にも善人にも、正しい者にも正しくない者にも」（マタイ5・45）、「恩を知らない者にも」（ルカ6・35）、情け深く、共にいてくださるお方なのです。

ミサが始まる前に、わたしたちはそのお方に心を向けます。また、「そのお方と共に」心を向けるのです。そのお方は、あなたにもわたしにも、共にいてくださるお方だからです。そのお方は、わたしたちと一緒の向きで共にいてくださるのだと、わたくしは理解しております。

そのお方に、そしてそのお方と共に、心を向ける時、わたしたちの口は自然に閉じていくのではないでしょうか。

さあ、会衆が集まると入祭の歌が歌われ、ミサが始まります。司祭と奉仕者は、祭壇に赴き、祭壇に表敬します。

神さまが共におられる

入祭の歌が終わると、司祭は「父と子と聖霊のみ名によって」と言いながら、十字架のしるしをします。会衆は一緒に十字架のしるしをしながら、「アーメン」と答えます。

続いて司祭があいさつの言葉を言います。ミサの最初のあいさつです。

「主イエス・キリストの恵み、神の愛、聖霊の交わりが皆さんとともに」。

あるいは、

「主イエス・キリストによって、神である父からの恵みと平和が皆さんとともに」。

またはもっと短く、

「主は皆さんとともに」

という言葉であいさつをします。

いずれかの言葉が語られると、司祭の言葉に答えて、会衆の皆さんは「また司祭とともに」とあいさつを交わします。

三つのあいさつの言葉は、少しずつ表現が違いますが、中心は一つです。それは「神さまが共にいてくださる」という真実です。そして、その真実を認め合い、表し合うということです。

すばらしいことだと思います。人間の中には、神さまが共にいてお住まいになっておられるのです。そして「主の日」である日曜日ごとに、皆が共に集まり、目に見えないその最も大切な真実を、認め合うのです。

この原稿を書いていて、ふと思いました。わたしは幼児洗礼を受けていますので、赤ん坊の頃から、ミサに連れてきていただいていました。雨が降っても、風が吹いても、毎週日曜日には、「主は皆さんとともに」「また司祭とともに」と、「共におられる主」を認めてあいさつを交わす集いの中に、身を置かせていただいていたのです。どれだけ幸いなことであっただろうかと思います。

最も大切なことを、最も大切なこととして認め、最も大切なことを、最も大切なことととして言葉に出して言い表す。なんとありがたいことかと思います。大人も子どもも、女も男も、お年寄りも赤ちゃんも、最も大切なことを、皆で大切にし合う集いから、また新しい一週間が始まります。本当にすばらしいことだと思います。

イエスさまが共におられる

わたしはミサをする時、いつも「主イエス・キリストの恵み、神の愛、聖霊の交わりが皆さんとともに」という言葉で会衆の皆さんにあいさつをしています。その時、会衆の皆さんお一人お一人の内に、「イエスさまが立っておられるのだなあ」と思います。そして「また司祭とともに」と言われる時、「皆さんの内に共におられるイエスさまがおっしゃっているのだなあ」と思います。先ほども申し上げましたが、一緒の向きで共にいてくださるのだと理解しています。

「主イエス・キリストの恵み」とは、主イエスが「神の愛」を完全に受け取り、またそれに答えてくださったということです。「神の愛」とは、神がすべての人と共におられることです。イエスさまは、ご自分の内にも、目の前の人の内にも、神さまが共にいてくださるという「神の愛」の真実を完全に受け取って生きてくださったのです。

「聖霊の交わり」とは、主イエスのいのちである聖霊が、わたしたち一人ひとりと共にいてくださるということです。つまり、聖霊の交わりによって、主イエスがわたしたち一人ひとりの内に立ち上がって、一緒の向きで共にいて、生きてくださるということです。

わたしたち一人ひとりの内に、主イエスが立ち上がるなら、わたしたちは自分の内にも、人の内にも、神さまが共におられることを認めて生きるいのちになります。それで「また司祭とともに」と答えます。

聖霊の交わりによって

イエスさまは光。すべての人の内に神が共におられる真実を照らしてくださる光です。ミサの最初のあいさつで、わたしたちの内にこのお方が共にいてくださることを確認し合いました。

さあ、今始まった感謝の祭儀は、この光と火を、もっと明々《あかあか》と燃え上がらせてくださいます。聖書の言葉と、キリストのおん体であるパンによって、内側から燃やしていただきます。

炭火がふいごの風によって赤々と燃え上がるように、わたしたちも聖霊の交わりによって、体の芯から燃やしていただきます。そして、光として派遣されていきます。

回心から賛美へ

的外れを認める

ミサの初めのあいさつの後、司祭は次のような言葉で、会衆を回心に招きます。

「皆さん、神聖な祭りを祝う前に、わたしたちの犯した罪を認めましょう」。

ミサという「神聖な祭り」を主催するのは神さまです。神さまはその祝福にわたしたちを招いておられます。その祝福にあずかる前に、わたしたちは自分の犯した罪を認めます。

わたしたちはもしかしたら、（罪と言われても、それほど酷《ひど》いことはしていない……）と思うかもしれません。それで最初に、聖書の中に出てくる「罪」という言葉の概念を理解しておきましょう。

「罪」と訳されている言葉は、新約聖書のギリシャ語では「ハマルティア」です。ハマルティアの根源的な意味は「的外れ」です。

神さまは、わたしたちが永遠に生きることだけをお望みになっておられるお方です。

そして、ご自分の永遠のいのちで生かすために、いつもわたしたちと共にいてくださいます。そしてわたしたちと、一緒の向きで生きておられるお方なのです。これが神さまからの招きです。

それなのにわたしたちは、そのいのちの神さまに「イヤイヤ」をして顔をそらしてしまう、あるいは背を向けてしまうことがあります。そのわたしたちの「的外れ」のことを、「罪」と呼んでいます。いのちの主である方と共に歩まないならば、わたしたちはいのちから離れ、弱ってしまい、滅んでしまうのです。

回心の祈り

イエスさまは「大宴会のたとえ話」の中で、神さまから盛大な宴会に招かれていたのにもかかわらず、「畑」や「牛」や「妻」を理由に、その招きを次々と断ってしまう人たちのことを話しています（ルカ14・15参照）。永遠の神さまと一緒に生きるということ以上に幸いなことなどないのに、わたしたちはつい、滅びあるものに向かってしまうのです。

わたしたちも、自分にそういう的外れがあったことを認めて、一緒に声に出して祈ります。

「全能の神と、兄弟の皆さんに告白します。わたしは、思い、ことば、行い、怠りによってたびたび罪を犯しました。聖母マリア、すべての天使と聖人、そして兄弟の皆さん、罪深いわたしのために神に祈ってください」。

神さまはわたしたちと共にいてくださるお方です。それなのにわたしたちはすぐに的外れに陥り、神さまから離れてしまいます。その神さまに立ち戻ろうとする「方向転換」が「回心」です。もっと、いつも共に歩めますようにと祈り求めます。

わたしたち一人ひとりの回心の祈りを取りまとめ、とりなす形で司祭が祈ります。

「全能の神がわたしたちをあわれみ、罪をゆるし、永遠のいのちに導いてくださいますように」。「アーメン」。

主よ、あわれみたまえ

次に「あわれみの賛歌」が捧げられます。先唱者の言葉に答える形で、「主よ、あわれみたまえ」、「キリスト、あわれみたまえ」、「主よ、あわれみたまえ」と唱えられ

（歌われ）ます。

毎回ミサの度ごとに、合計六回繰り返される「あわれみたまえ」という言葉ですが、どうでしょうか、主キリストに向かってわたしたちは、一体、「何を」、「どう」、「あわれみたまえ」と願っているのでしょうか。

福音書の中で、登場人物がイエスさま（神さま）に向かって「憐れんでください」と言っている箇所は何か所かあります。しかし、そこでその人に対してイエスさまが直接「お褒め」になっておられるのは一か所だけ。盲人バルティマイに対してだけです（マルコ10・46参照）。

◇

エリコの町で、道端に座って物乞いをしていた盲人バルティマイは、ナザレのイエスだと聞くと叫んで「ダビデの子イエスよ、わたしを憐れんでください」と言い始めました。多くの人々が叱りつけて黙らせようとしましたが、彼はますます「ダビデの子よ、わたしを憐れんでください」と叫び続けました。

イエスがお呼びになると、盲人は上着を脱ぎ捨て、躍り上がってイエスのところ

に来ました。イエスが「何をしてほしいのか」と言われると、盲人は、「先生、目が見えるようになりたいのです」と言いました。イエスは、「行きなさい。あなたの信仰があなたを救った」と言われ、盲人は、すぐ見えるようになり、なお、道を進まれるイエスに従いました。

◇

バルティマイが「憐れみを乞い」、「願い求めたもの」とは、「目が見えるようになること」でした。彼は、肉眼の目を開いていただいただけでなく、「本当に従うべきお方のまなざし」をもいただいたのです。

本当に従うべきお方のまなざしとは、インマヌエル、人間の中に神が共におられる真実を見るまなざしです。

わたしたちはミサの中で、「主よ、あわれみたまえ」と繰り返しながら、主イエスのいのちとまなざしに一致させていただく、回心の恵みを願っているのではないかと思いました。

主イエスのまなざしで

ミサの「開祭」の部の結びは、集会祈願です。集会祈願は必ず、「神」への呼びかけに始まり、「……聖霊の交わりの中で、あなたとともに世々に生き、支配しておられる御子、わたしたちの主イエス・キリストによって」。「アーメン」という言葉で終わります。

聖霊の交わりによって、わたしたち一人ひとりの中に、主イエス・キリストが立ち、一緒の向きで生きてくださるから、そのいのちとまなざしに結ばれて、わたしたちは、父である神さまに、「アーメン」と、賛美と感謝を捧げることができます。

聖霊の交わりの中で、光であるキリストのまなざしの中に入り、その光の中で、一緒に父である神さまに賛美を捧げるのです。

神のことばを聴く

ことばの典礼

集会祈願が終わると、「ことばの典礼」に入ります。一同は神のことばを聴くために着席いたします。

「ミサには二つの食卓がある」、と言われているのをご存じでしょうか。一つは「みことばの食卓」（聖書）。もう一つは「パンとぶどう酒の食卓」（聖体）です。神さまはこの二つの食卓を通して、わたしたちを養ってくださるのです。

三月号で「エマオの弟子たち」（ルカ24・13〜参照）のことをお話しいたしました。少し思い出してみたいと思います。彼らは、イエスが語られた「聖書」の言葉によって心が燃やされ、イエスが裂かれた「パン」によって、「あなただ」と分からせていただき、イエスと一緒の向きで生きるいのちとなって、人々の中に派遣されました。

この「エマオの弟子たち」の出来事が、ミサの「二つの食卓」の意味を、はっきりと教えてくれています。神さまはイエスさまを通して、「聖書」と「パン」によってわたしたちを養ってくださるのです。

今日はそのうちの一つ目の食卓である「聖書」、すなわち「ことばの典礼」を通して、神さまご自身がわたしたちに食べさせ、養おうとしておられるという恵みについて、思いめぐらしてみたいと思います。

第一朗読と福音

通常、主日ミサの「ことばの典礼」の中には三つの朗読箇所が示されています。第一朗読は旧約聖書から、第二朗読は使徒書から、そして第三朗読は福音書から選ばれています。その三つの中で頂点となるのが、「福音書の朗読」です。

さてその中で、第一朗読と福音書のつながりが密接なものとなっています。毎回のミサでは、福音書のテーマに深く関連する箇所が、旧約聖書から選ばれているからです。

旧約の出来事は、いつも新約の出来事を前もって表す、言わば「予型」です。それで「新しい契約」であるイエスさまも、人々にご自分のことを説明する際に、旧約聖書を用いて話されるのです。

エマオの弟子たちの出来事の中でも、イエスさまはそのような「聖書の読み方」をなさっています。大切な箇所で

すので、確認しておきましょう。

（イエスの受難、十字架の死、復活の意味を受け取れない弟子たちに対して）「イエスは言われた。『ああ、物分かりが悪く、心が鈍く預言者たちの言ったことすべてを信じられない者たち、メシアはこういう苦しみを受けて、栄光に入るはずだったのではないか』。そして、モーセとすべての預言者から始めて、聖書全体にわたり、御自分について書かれていることを説明された」（ルカ24・25～27）。

◇

ここで言われる「聖書全体」とは旧約聖書全体という意味です。「新約聖書」はイエスの死と復活の後に書かれたものですから、この時点ではまだ存在しておりません。

聖アウグスチヌスは、「旧約の中には新約が隠れており、新約において旧約が明らかになる」と語っています。つまり、旧約を読むことによって、イエスさま（新約）がどなたであるのかが分かり、イエスさま（新約）の存在によって、旧約の意味が明らかになる、ということです。ミサの「ことばの典礼」の旧約―福音の朗読箇所も、イエスさまご自身がなさった、このような「聖書の読み方」に従って選ばれているのです。

◇

神のことばは、どこから来る

昔、二年生の子どもに「神さまのことばは、どこから来るの?」と尋ねられたことがあります。まるで答えになっていないとお感じになられるかもしれませんが、「神さまのことばは、神さまから来る」とお答えしました。

では、神さまは一体どこにおられるのでしょうか。

旧約聖書の創世記に、「主なる神は、土(アダマ)の塵《ちり》で人(アダム)を形づくり、その鼻に命の息を吹き入れられた。人はこうして生きる者となった」(2・7)とあります。神さまはもとより、すべての人間と共におられます。

しかし、人が犯した罪という的外れによって、人は、共におられる神の真実にとどまることができなくなってしまいました。

しかし神は人類を「共におられる神の真実」に再び入れるために、救いの計画を実行なさいました。初めに神はイスラエルという小さな民を選び、「共にいる神」であることを示しました。

モーセを通して示された「神のことば」は、石の板に刻まれたものでした。しかし後に、神は預言者を通して「わたしはお前たちの体から石の心を取り除き、肉の心を与える」（エゼキエル36・26）と言われました。

時満ちて、「肉となられたみことば」（ヨハネ1・14）は、わたしたちの間に宿られました。今やこのお方は、死と復活を通して、「世の終わりまで、いつも（わたしたちと）共にいる」（マタイ28・20）お方なのです。

ご自分のいのちで養われる方

ミサの「みことばの食卓」で語られる神のことばを聴く時、わたしたちは神さまがお伝えになった「情報」を聞くのではありません。そこで聴くのは、語っておられる神さまそのもの。「みことばの食卓」でいただくのは、神さまのいのちそのものなのです。

神さまはもとより、ご自分のいのちを人間に注がれました。それによって人は生きる者となったのです。神さまはもとより、ご自分のいのちを食べさせて、わたしたちを養ってくださるお方です。

そのことを、わたしたちに、完全にお示しになったのが、主イエスです。「パンによる食卓」によって今日も、イエスさまがわたしたちに、神さまがご自分の体を食べさせてわたしたちを養っておられることに、出会わせてくださるのです。

説教

説教のお手本

福音書の朗読の後、司祭の説教が行われます。ミサ中に行われる説教は、特別な地位を占めるものです。第二バチカン公会議の「啓示憲章」によれば、典礼中の説教は、「聖書のことばから、健全な栄養と聖なる活力を与えられる」（24項）ものであると示されています。

「健全な栄養と聖なる活力を与えられる」……という言葉の意味は、具体的にはピンとこないかもしれませんが、それに当たる内容が生き生きと描かれている福音書の出来事を思い出しました。ルカ24章の「エマオの弟子たち」の物語です。先月も取り上げた箇所なのですが、思い出してみたいと思います。

イエスの受難、十字架の死、復活の意味、を受け取れないでいる二人の弟子たちに対して、イエスは言われました。

◇

「『ああ、物分かりが悪く、心が鈍く預言者たちの言ったことすべてを信じられない者たち、メシアはこういう苦しみを受けて、栄光に入るはずだったのではないか』。

そして、モーセとすべての預言者から始めて、聖書全体にわたり、御自分について書かれていることを説明された」（ルカ24・25〜27）。

◇

パンを裂いてお渡しになった時、「イエスだ」と分かった後、この時のことを振り返った二人の弟子は、「道で話しておられるとき、また聖書を説明してくださったとき、わたしたちの心は燃えていたではないか」（同32）と語り合います。

エマオへの道の途上で、聖書の説明を通して、イエスさまがなさったこのことこそ、まさに、説教ということの本質であり、また、お手本なのではないかと思いました。そこで、イエスさまがなさったことについて少し思いめぐらしてみたいと思います。

共にいてくださるお方に、出会わせるために

さてこの時、この二人の弟子の心を燃やしたものとは、一体何だったのでしょうか。それは「復活されたイエスご自身の、存在そのもの」だったのだと思います。

初めに、エマオという村に向かって歩く二人の弟子に、復活のイエスご自身が近づいてきて、一緒に歩き始められました。しかし、「二人の目は遮られていて、イエスだとは分からなかった」のです。（同16）「二人は暗い顔をして立ち止まった」と書か

れています。

　復活のイエスが一緒に歩いておられるのに、そのことを分からないでいる弟子たち……。それは、まさにわたしたちのことだと言ってよいと思います。

　そんなエマオの弟子たちに、何とかして「ご自身の存在そのもの」を出会わせるために、イエスさまは、「聖書全体にわたり、御自分について書かれていることを説明され」たのです。

　それと全く同じように、今、『説教』は、「復活のイエスの存在そのもの」が、わたしたちと共におられ、一緒に歩いてくださっていることを、何とかしてわたしたちに気づかせ、出会わせようとしているのです。そのために『説教』は、「聖書の中に書かれているイエス・キリストのこと」を、わたしたちに分かるように説明するのです。

もっとずっと一緒にいたい

　聖書の説明を聞きながら歩いたエマオの弟子たちの一行は、目指す村に近づきました。しかし、イエスはなおも先へ行こうとされる様子でした。そこで二人が無理に引き止めたので、イエスは共に泊まるため家に入られたのです（同29参照）。

最初はイエスの言葉に、「暗い顔をして立ち止まった」二人でしたが、イエスがなさった聖書全体にわたる説明を聞く中で、「もっとずっと一緒にいたい」存在になっていったのでしょう。

『説教』も、わたしたちが「復活のイエスの存在そのもの」をもっと深く知り、もっと一緒にいたい存在となっていくように、聖書全体を通して、わたしたちに教えるのだと思います。

イエスさまのみわざ

エマオの弟子たちの物語のクライマックスは、次のように描かれています。

「一緒に食事の席に着いたとき、イエスはパンを取り、賛美の祈りを唱え、パンを裂いてお渡しになった。すると、二人の目が開け、イエスだと分かったが、その姿は見えなくなった」（同30〜31）。

遮られていた弟子たちの目が開け、「イエスだと分かった」時、「その姿が見えなくなった」のは、弟子たちが復活のイエスと「一緒の向きで生きる」いのちになったからです。

二人は、「道で話しておられるとき、また聖書を説明してくださったとき、わたしたちの心は燃えていたではないか」と語り合いました。自分たちの心を燃やした「復活されたイエスご自身」と一緒の向きで生きるようになった彼らは、聖書を説明して、人の心を燃やす存在となって派遣されたのです。

『説教』もわたしたちに、復活のイエスと出会わせていただいたならば、その「出会い」という良いお知らせを、人に告げるようにと教えます。さて、彼らは時を移さず出発して、エルサレムに戻りました。六十スタディオン、約十一キロの夕暮れの道を、急ぎ走ったのかもしれません。一刻も早く、この良いお知らせを皆に告げるためです。そして十一人と仲間たちに会うと、「道で起こったことや、パンを裂いてくださったときにイエスだと分かった次第を話した」（同35）のです。

「説教のお手本」ということで書き始めましたが、ここまで書いて来て、『説教』とは、まさにイエスさまがなさっておられることなのだと分かりました。

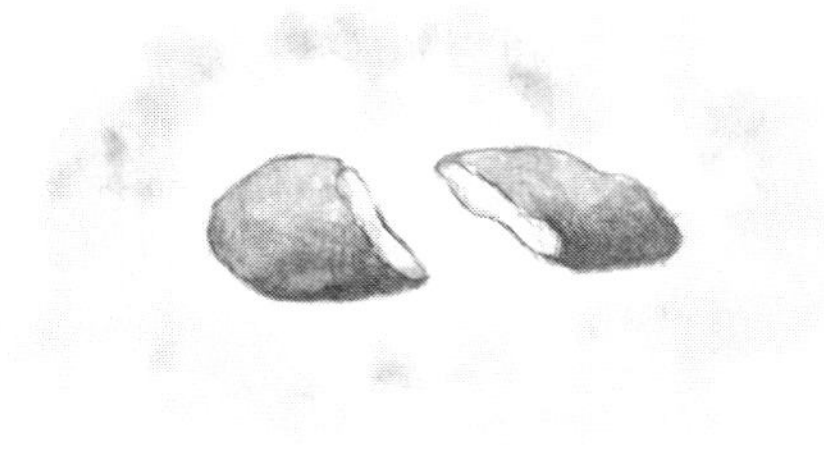

パンとぶどう酒

感謝の典礼

共同祈願が終わると、奉納の歌が始まります。「ことばの典礼」が終わり、ミサはここから「感謝の典礼」に入ります。

「感謝の典礼に入る」ということの意味は、以前申し上げたミサの二つの食卓、「みことばの食卓」から、「パンとぶどう酒の食卓」に移った、と言ったほうが、出来事として受け取りやすいのかもしれません。そして、ここから始まる「パンとぶどう酒の食卓」とは、「最後の晩餐の記念」の食卓のことです。

主イエスは受難の前日に、ペトロとヨハネとを使いに出そうとして、「行って、過越の食事ができるように準備しなさい」と言われました。二人が「どこに用意いたしましょうか」と言うと、イエスは言われました。「都に入ると、水がめを運んでいる男に出会う。その人が入る家までついて行き、家の主人にはこう言いなさい。『先生が、「弟子たちと一緒に過越の食事をする部屋はどこか」とあなたに言っています』。すると、席の整った二階の広間を見せてくれるから、そこに準備をしておきなさい」。二人が行ってみると、イエスが言われたとおりだったので、過越の食事を準備しました

（ルカ22・7以下参照）。

感謝の典礼の初めに、わたしたちはこの二人の弟子が行ったことを繰り返します。すなわち奉納行列の中で、神さまがあらかじめ整えてくださったこの場所に、会衆の幾人かが供え物のパンとぶどう酒を運び、共同体の必要のためにささげられた献金を持つ人々がこの行列に従い、主の晩餐の食事を準備するのです。

神よ、あなたは万物の造り主

パンとぶどう酒が祭壇の上に運ばれると、司祭はパンの載ったパテナ（金属のお皿）を奉持して、沈黙の内に祈ります。

「神よ、あなたは万物の造り主、
ここに供えるパンはあなたからいただいたもの、
大地の恵み、労働の実り、
わたしたちのいのちの糧となるものです。
神よ、あなたは万物の造り主」。

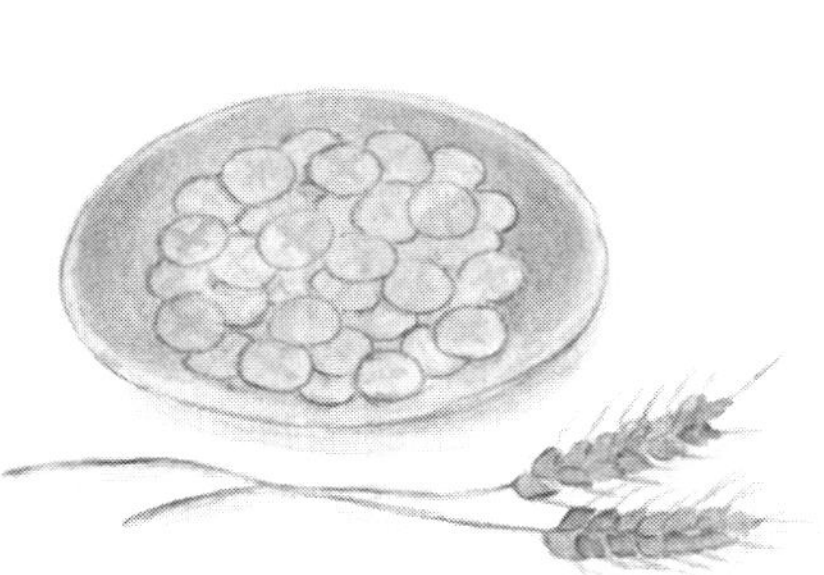

奉納の歌が歌われない時には、司祭は声を出してこの祈りを唱えることができます。この祈りは、ユダヤ人が食卓でささげる賛美の祈り「ベラカ」と呼ばれるものです。イエスもなさった祈りなのです。

イエスが受難の前夜になさった主の晩餐（最後の晩餐）は、ユダヤ人の過越の食事の儀式に則って行われました。その様子が福音書には次のように記されています。

「一同が食事をしているとき、イエスはパンを取り、賛美の祈りを唱えて、それを裂き、弟子たちに与えながら言われた。『取って食べなさい。これはわたしの体である』」（マタイ26・26）。

ここに書かれている「賛美の祈り」が「ベラカ」です。イエスは主の晩餐の時に、この祈りをなさったのです。

イエスがなさったこの祈りは、今も司祭を通して捧げられます。そして最後に、会衆も一緒に「神よ、あなたは万物の造り主」と応唱して、イエスが捧げられた賛美の祈りに加わるのです。

「このささげもの」とは何だろう？

司祭は、パンに引き続いて、ぶどう酒についても同様に祈りを捧げます。パンとぶ

どう酒の食卓の準備が整うと、司祭は、

「皆さん、このささげものを、全能の神である父が受け入れてくださるように祈りましょう」

と言って会衆を祈りに招きます。この招きの言葉に合わせて、会衆は皆、立ち上がり、沈黙の内に祈ります。

さてこのとき、この司祭の言葉の中に出てくる「このささげもの」……とは、一体何を指すのでしょうか。

単純に考えると、「パン」と「ぶどう酒」と言う答えが出てきそうです。でもここで、全会衆が心を合わせて、「神さまが、この『パン』と『ぶどう酒』を受け入れてくださるように……」と、祈っているのかと言えば、やはりそうではありませんね。

では、一体「このささげもの」とは何を指しているのでしょうか。

キリストの十字架に結ばれて

ミサが捧げられる時、根源的にそこにあるのは、イエス・キリストがただ一度ご自身をお捧げになった、十字架の死と復活という、救いのみわざです。

キリストの死と復活とは、人間と共にいてくださる神さまは、苦しみがあっても、死によっても、決して人間から離れないということの証しです。すべての人間を愛して、共にいてくださる神の愛の証しです。

また、キリストの死と復活とは、人間と共にいてくださる神の愛を信じる、神への愛の証しです。死によっても決して離れることなく、ご自分を殺そうとする者の内にも、共にいてくださる神を認める、神への愛の証しです。

神の愛と、神への愛を、イエス・キリストはご自分の内に完全に一つにして成し遂げてくださいました。それが復活という、神と人との一致です。その救いのわざの記念祭儀が、ミサという感謝の祈りなのです。

捧げられた「パン」と「ぶどう酒」を、ご自分の「おん体」と「おん血」にしてわたしたちに食べさせ、わたしたちと一緒の向きで生きる者となってくださった主イエス・キリスト。そのお方が、今、共にミサを捧げるすべての人の内に、一緒の向きで立ち上がっておられます。

「皆さん、このささげものを、全能の神である父が受け入れてくださるように祈りましょう」と祈る時、「このささげもの」とは、まず、わたしたちの内に立っておられるイエス・キリスト。そしてキリストに結ばれて生きる、わたしたち一人ひとりのいのちのことではないかと思います。

奉献文

叙唱前句

司祭が奉納祈願を唱え終わると、―感謝の祈り―である「奉献文」に入ります。まず初めに「叙唱前句」と呼ばれる、祈りへの招きがあります。

司祭が祭壇に立って手を広げ、「主は皆さんとともに」と言うと、会衆は「また司祭とともに」と応答します。さらに司祭は、「心をこめて神を仰ぎ」という言葉で皆を祈りに招き、会衆は「賛美と感謝をささげましょう」と答えて、その祈りの招きの中に入っていきます。

この時、司祭の内に立っておられる復活のキリストが、会衆の皆さんに向かって「主は皆さんとともに」と祝福されます。そしてそれを受けて、会衆の皆さんお一人お一人の内に立っておられる復活のキリストが、司祭に向かって「また司祭とともに」と祝福を返されるのです。

ここで、するようにと招かれている祈りの中身は、「心をこめて神を仰ぎ」、「賛美

と感謝をささげる」こと……。この礼拝のわざを完全に行うことができるのは、主キリスト、ただお一人です。ですから、もしわたしたちが「心をこめて神を仰ぎ」、「賛美と感謝をささげる」ことができるとするならば、それはまず、わたしたちの中に、主キリストが共におられ、そのお方の礼拝があるからなのです。

そのためわたしたちは、真の礼拝者である主キリストが、わたしたち一人ひとりの中に立っておられることを、口で言い表すことを通して確認し合い、このお方が、お互いのいのちの中心を満たしてくださっていることを告げ知らせ合います。

そしてそのお方のただ一つのいのちに結ばれて、このお方がわたしたちを、ご自分の真の礼拝の中に引き入れてくださることを、感謝の内に受け取りながら、そのお方の――感謝の祈り――の中に入っていくのです。

主・キリストによって、天使と共に、父である神に

「叙唱前句」と呼ばれるこの掛け合いの祈りに引き続いて、「叙唱」が祈られます。主日のミサなどでは、この掛け合いの場面から歌い始められることが多いかもしれません。

叙唱はラテン語で「プレファチオ」。奉献文の導入にあたるお祈りです。典礼暦に

合わせて、あるいは種々の機会（結婚式・死者のミサなど）に合わせて、たくさんの種類の叙唱が用意されています。それを適切に選ぶことによって、さまざまな状況にあるわたしたちが、より豊かに、「奉献文」―感謝の祈り―に導かれるよう、配慮されているのです。

叙唱は父である神さまに向かう祈りですから、必ず「聖なる父（よ）」という呼びかけから始まります。幾つかある形の中で、最もオーソドックスな冒頭文は、「聖なる父、全能永遠の神、いつどこでも主イエス・キリストによって賛美と感謝をささげることは、まことにとうといたいせつな務め（です）」というものです。この言葉からも分かるように、わたしたちが、父である神さまに賛美と感謝をささげる時、何よりもまず、わたしたちの中で、主キリストご自身がその礼拝を行っておられるのです。続けて叙唱の本文は、キリストが生涯の全てを通して示された、救いのみわざとその意味を、短い言葉で語ります。わたしたちはその神秘に結ばれて、共に賛美と感謝をささげます。

叙唱の結びには、必ず天使が登場します。わたしたちの祈りを天使の祈りに合わせ、「み前であなたを礼拝する天使とともに、救いの恵みをたたえ、わたしたちも感謝の賛歌をささげます」と結びます。そしてわたしたちを、本来天使の賛歌（イザヤ

6・3）である「感謝の賛歌」（聖なるかな）につなげるのです。

四つの奉献文

会衆が感謝の賛歌を歌い（唱え）終わると、司祭は奉献文を唱えます。現在ミサ典礼書には、四つの奉献文が載っています。第一奉献文は、四世紀頃にはすでに形の整っていた―感謝の祈り―で、一九七〇年までは、ローマ・カトリック教会の唯一の奉献文でした。

他の三つの奉献文は、第二バチカン公会議後に作られたものですが、第二奉献文は、第一奉献文よりもさらに古い源泉に由来しています。三世紀の初めにローマの司祭ヒッポリトが作成した祈りを基に作られています。

第三・第四奉献文は、第一・第二と異なり、新しく作成されたものですが、第二奉献文の流れに沿って作られています。

四つの奉献文の構造や特徴は互いに異なりますが、最後の晩餐の席でイエスが仰せになったパンとぶどう酒の聖別の言葉は、すべて共通です。

「皆、これを取って食べなさい。これはあなたがたのために渡されるわたしのからだである」。

「皆、これを受けて飲みなさい。これはわたしの血の杯、あなたがたと多くの人のために流されて罪のゆるしとなる新しい永遠の契約の血である。これをわたしの記念として行いなさい」。

イエスさまの言いつけを守って

葬儀などの、信者さんでない方が大勢参加されるミサで、「今行っているミサという祈りは、イエスさまに『行いなさい』と言われたから、言いつけを守って二千年間続けている祈りなのですよ」と申し上げると、皆さん、驚かれたような、感心なさったような顔をなさいます。「言うことを聞く」という単純な人間の行為の中に、深い意味が隠されているのだと思います。

わたしたちの卑しい体を、ご自分の体とするためにご自分を渡し、わたしたちのいのちの隅々にまで、ご自分のいのちを満たすために血を流してくださった、主イエスの「救いのみわざの記念」を、わたしたちは、「主が来られるまで」続けるのです。

主の平和がいつも皆さんとともに

聖霊の交わりの中で

奉献文―感謝の祈り―の結びは「栄唱」です。司祭が、カリス（杯）とパンの載せられたパテナ（金属性のお皿）を持ち、それらを両手で高く掲げながら、

「キリストによって　キリストとともに　キリストのうちに、聖霊の交わりの中で、全能の神、父であるあなたに、すべての誉れと栄光は、世々に至るまで」

と唱える（歌う）と、会衆は「アーメン」と応唱します。

栄唱とは、「父と子と聖霊の神」への賛美の祈りですが、この栄唱では、わたしたちがもうすでに、父と子と聖霊の交わりの中に招かれていることが強調されています。おかしなたとえ方になるのですが、完全な仲良し三人組を前にして、その仲の良さに感嘆しながら、外から「いいなあ…」と指をくわえて見ているのではなく、わたしたちが、もうすでにその友情の交わりの中に入れられているのです。

キリストは、すべてのものの内に、「神が共におられる」という真実を見ておられます。その「キリストによって」、その「キリストとともに」、その「キリストのうちに」、わたしたちも、すべてのものの内に、「神が共におられる」という真実を見る礼

拝、すなわち、父なる神への真の礼拝の交わりの中に入れていただくのです。

どうしてそのようなことができるのかというと、「聖霊の交わりの中で」イエス・キリストの霊であり、いのちである聖霊が、わたしたち一人ひとりの内に注がれているからです。聖霊の交わりによって、イエス・キリストご自身が、わたしたち一人ひとりの中に、一緒の向きで立ち上がってくださっています。

ですから、その「キリストによって、キリストとともに、キリストのうちに」わたしたちも、「全能の神、父であるあなたに」向かって、「アッバ、父よ」と呼びかけ、「すべての誉れと栄光」を帰する賛美を、「世々に至るまで」ささげるのです。

交わりの儀

奉献文―感謝の祈り―は、パンとぶどう酒をキリストのとうとい御からだと御血に変えました。主の祈りから始まる「交わりの儀」によって、わたしたちは主の御からだと御血をいただく「主の食卓」に近づきます。

以前、ミサの式次第に「交わりの儀」という言葉を見つける度に、わたくしは「『交わりの儀』とは何のことだろう?」と思っておりました。でも、原語を見て、なるほどと分かりました。

「交わりの儀」と訳されているもともとの言葉はラテン語で、Ritus(祭儀)、Communionis(交わり)です。「交わり」と訳されているCommunionisは、別の箇所では、わたしたちにとってよりなじみ深い用語である、「聖体拝領」と翻訳されています。

交わりの儀とは、わたしたちが主イエスの御からだを食べて、主イエスとの深い交わりと一致に入らせていただく、祈りと出会いの場なのだと分からせていただきました。

主の祈り

主イエスの御からだをいただく「交わりの儀」が、「主の祈り」から始まるのはなぜでしょうか。それは主の祈りが、わたしたち人間が「主なる神との交わりなしには、生きることができない存在」であることを、深く教える祈りだからだと思います。

イエスさまは「わたしたちの日ごとの糧を今日もお与えください」と祈りなさい、

と言われました。わたしたちは生きるために糧を必要とする存在だからです。しかし、ここで言われている「糧」とは、食糧としてのパンだけのことではありませんね。

イエスさまは、「人はパンだけで生きるものではない」、「神の言葉によって生きる」（マタイ4・4参照）と言われました。主の祈りが、わたしたちに求めるようにと教える「糧」とは、「神のみ言葉」である、主イエスの御からだとの交わりです。

またイエスさまは「わたしたちの罪をおゆるしください。わたしたちも人をゆるします」と祈りなさい、とお命じになりました。イエスさまは、わたしたちが人をゆるさない時、決してご自分のいのちと交わることができないことをよくご存じでした。だから、一つになるために、「人をゆるしなさい」とお命じになるのです。

「主の祈り」は、わたしたちが「主の食卓」にあずかるために、必要不可欠なことを、丁寧に教えてくださっているのです。

平和のあいさつ

「主の祈り」の後、教会に平和を願う祈りが続きます。その後、司祭の「互いに平和のあいさつを交わしましょう」という勧めにしたがって、平和のあいさつが行われます。

時々、信者さんの中に「その人をゆるす気持ちになれないのにそうするのは『偽善』だから、その人とは平和のあいさつをしない」という人がいます。でもそれは「主の平和」の意味を捉え損ねています。

「主の平和」とは、神さまが共にいてくださるという「神の真実」なのです。自分がそう感じられるかどうか、思えるかどうか、納得できるかどうか、ではないのです。「主の平和」と言ってあいさつすることは、自分の気持ちや理解を超えて、その人と共にいてくださる「神の真実」を認めることなのです。

イエスさまが言われる「人をゆるしなさい」とはそのことです。ゆるした気持ちになることは求められていません。たとえ気持ちが伴わなくても、主が共におられる「神の真実」を認めるよう求められているのです。

十字架の上で、わたしたちのために祈られたイエスさま（ルカ23・34参照）は、すべての人の中に「神が共におられる」真実があることを照らしてくださる光です。その光と一つになるために、わたしたちも、人の中にある「神が共におられる」真実を認めさせていただかなければならないのです。

皆、これを取って食べなさい。

パンを裂く

平和のあいさつが終わると、パンが裂かれます。司祭は、聖変化の際に会衆に向かって高く掲げられた、少し大きめのパンを、祭壇の上で裂きます。コルポラーレという四角い白い布の上に置かれた、パテナと言う金属製のお皿の上で裂くのです。司祭がパンを裂くのは、イエスさまが最後の晩餐の席上で、パンを裂かれたからです。そして「わたしの記念としてこのように行いなさい」（ルカ22・19）と言われたからです。

言いつけに従って司祭がパンを裂く時、イエスさまは、最後の晩餐の席上でなさった、そのただ一度の出来事を、司祭というしるしを通して、今、わたしたちに現してくださいます。そして、言いつけに従って、その記念にあずかるわたしたち会衆は、そのただ一度の出来事を共にした、十二弟子たちの出来事にあずからせていただくのです。

ところで、現代行われているミサの中では、司祭がパン

を裂くという動作はある意味で、ごく象徴的なものとなりました。なぜなら会衆に配られるパン（ご聖体）は、もうすでに一枚一枚に分けられた形になっているからです。そのため、パンを裂く司祭の動作はごく小さなもので、大部分の会衆は、司祭がパンを裂いていることに気づいていないかもしれません。

しかし、イエスさまがなさった食事では、皆の目の前でパンが裂かれました。皆に食べさせるために、イエスさまは弟子たち一人ひとりのためにパンを裂かれたのです。パンを裂くという動作はとても印象的で、また、重要なものだったのでしょう。イエスさまの言いつけに従って、弟子たちは最後の晩餐の記念（現在のミサ）を行いましたが、その祈りは当時「パン裂き」（使徒言行録2・42）と呼ばれていました。

初代教会の人々は、使徒の教え、相互の交わり、パンを裂くこと、祈ることに熱心でした。

パンを裂かれるイエス

家ごとに集まってパンを裂く祈りを繰り返しながら、弟子たちは、最後の晩餐でイエスがなさったこととその意味を、思いめぐらしたのではないでしょうか。イエスがパンを取り、賛美の祈りを唱えて、それを裂かれたこと。弟子たちに与えながら「取って食べなさい。これはわたしの体である」と言われたこと。そしてその翌日、十字架の上でご自分の命をささげられたこと。

また、弟子たちはパンを裂きながら、「エマオの弟子たち」の出来事も思い出したに違いありません。復活のイエスが一緒に歩いておられるのに、イエスだと分からなかった二人の弟子は、イエスがパンを裂いて二人にお渡しになった時に「イエスだ！」と分かったのです（ルカ24・31参照）。すると、その姿は見えなくなりました。それはイエスが一緒の向きで生きるいのちとなられたからです。

そのことに出会って、イエスと一緒の向きで生きるいのちとなった二人の弟子は、その良いお知らせを仲間に告げるために走りました。二人の足は、「良いお知らせそのもの」になって、夕暮れのエルサレムへの道を急いだのです。

五つのパンと二匹の魚

また、パンを裂く祈りを繰り返しながら、弟子たちはガリラヤ湖のほとりで行われた、「パンの奇跡」のことも思い出したに違いありません。数にして男が五千人、という大群衆に食べさせるのに、パンが五つと魚が二匹しかなかった時の出来事です（マルコ6・30以下参照）。

イエスは弟子たちに命じて、人々を青草の上に座らせました。そして五つのパンと二匹の魚を取り、天を仰いで賛美の祈りを唱え、パンを裂いて、弟子たちに渡しては配らせ、二匹の魚も皆に分配されました。

すべての人が食べて満腹しました。そして残ったパンの屑を集めると十二の籠がいっぱいになったのです。

◇

弟子たちは、パンを裂く祈りを繰り返しながら、いろいろな機会にパンを裂かれたイエスのことを思い、そのお心を思いめぐらしたことと思います。そして次第に、イエスが本当に食べさせたかったものとは、「ご自分のいのちそのもの」であったのだと、気づかされていったのではないでしょうか。

取って食べなさい

イエスさまは、天の御父がご自分のいのちを裂いてすべてのものに注ぎ、すべての者と共にいてくださる愛であることを、よくご存じでした。そしてその愛を人間は、知識によっては決して知ることができず、ご自分と一緒の向きで生きることを通してのみ、出会うことができるとイエスさまはご存じでした。

それでイエスさまはパンを裂き、「取って食べなさい。これはわたしのからだである」と言われました。そして翌日、十字架の上で、ご自分のいのちを裂かれたのです。ご自分のいのちをすべての人に食べさせ、一緒の向きで生きるいのちとなるためです。

◇

今日、わたしたちは、「キリストの御からだ」と言われ、「アーメン」と答えて、イエスさまの御からだをいただきます。わたしたちは、パンを裂いてくださった「イエスだ!」と分かって一緒の向きで生きるいのちになるのです。

そして一緒の向きで生きてくださるイエスさまと共に、出会う人の中に「神さまが共におられる真実」を認め、その真実のために、自分の時間や労力や心やお金を「割《さ》いて」いくことになります。そのときわたしたちは、すべての人と共にいるために、ご自分のいのちを裂かれたイエスさまと、すべてのものにご自分のいのちを注いでおられる、御父の愛に出会わせていただくのだと思います。

派遣

拝領後の沈黙

聖体拝領が終わると、会衆は座って沈黙の内にしばらく祈ります。司祭は祭壇の上にあるカリスという祭器に水を注いですすぎ、その水を飲み干してから器をプリフィカトリウムという布で丁寧に拭きます。祭器や布類を片づけ終えると、司祭は、座って一緒に沈黙の祈りにあずかります。

自分の好みを申し上げて恐縮なのですが、わたくしはこの沈黙の時が大好きです。聖体拝領の前と後では、どうしてこうもはっきりと関係性が変わるのだろうと思うほどに、たっぷりとした深い沈黙が訪れるからです。

けれども、深い沈黙が訪れる理由は明白です。それは、イエスさまがご自分の体の交わりをもって、わたしたち一人ひとりを訪れ、一緒の向きで生きるいのちとなってくださるからです。

わたくしは時々、旧約聖書のネヘミヤ記に書かれている一つの言葉を思い出します。それは、「民は皆、水の門の前にある広場に集まって一人の人のようになった」（ネヘミヤ8・1）というものです。祭司エズラによって朗読される「律法の書」（神の言葉）

を聞くために、集まったイスラエルの民は「一人の人のようになった」のです。

わたしたちも、イエスさまのお体とお心をいただいて、その深い沈黙にあずからせていただきます。そして、イエスさまの内に「一人の人のようになって」父である神さまの言葉に、耳を傾けさせていただくのだと思います。

拝領祈願

沈黙の後、司祭は立ち上がって拝領祈願を唱えます。「祈りましょう」という呼びかけに応えて会衆が立ち上がると、司祭は手を広げて祈ります。

ミサの結びに祈られるこの拝領祈願は、派遣されるわたしたちのために祈られます。イエスさまと一緒の向きで生きるものとされたわたしたちが、派遣されていく先で、「よりよく実を結ぶことができるように」、神に恵みと祝福を願ってなされるのが拝領祈願なのです。

「いのちの源である父よ、一つのパン、一つの杯にあずかったわたしたちが、キリストのうちに一つに結ばれ、救いの喜びを世に伝えるものとなりますように。わた

したちの主イエス・キリストによって。アーメン」（年間第五主日）この拝領祈願の言葉をもとに、「派遣されるわたしたちが結ぶ実り」について、ご一緒に確認しておきましょう。

派遣されるわたしたちが、「キリストのうちに一つに結ばれる」とは、どういうことでしょうか。しつこいようですがわたしは、キリストの体をいただいたわたしたちが、「キリストと一緒の向きで生きるものになること」だと思います。

「自分にそんな資格があるだろうか」と問う前に、まず、キリストご自身が、「わたしたちの中で、ご自身が働かれるために」わたしたちをお選びになったことに心を留めたいと思います。そして、そのためにこそ「ご自分の体をわたしたちに食べさせてくださった」ということを、忘れてはならないと思います。

「救いの喜びを世に伝えるものとなる」とは、イエスさまと一緒に生きることです。イエスさまと一緒に、日々出会う人の中に「神が共におられる真実」を見いだして生きること。伝えること、祈ること。それが「救いの喜びを世に伝える」ことだと思います。そして、それこそが、派遣されるわたしたちが結ぶ実りなのだと思います。

閉祭

拝領祈願が終わると、派遣の祝福と、閉祭のあいさつがあります。これはまさに、マタイ福音書の最後の場面で、復活されたイエスさまがなさっていることです。復活のイエスは、派遣される弟子たちに向かって「命じ」、また、「祝福された」のです。

司祭が「主は皆さんとともに」と言うと、会衆は「また司祭とともに」と答えます。司祭は手を伸べ、大きく十字のしるしをしながら、「全能の神、父と子と聖霊の祝福が+皆さんの上にありますように」と言って「祝福」します。

会衆が「アーメン」と答えると、助祭、あるいは司祭が「感謝の祭儀を終わります。行きましょう、主の平和のうちに」と言います。この最後のあいさつは派遣の「命令」でもあります。

会衆は「神に感謝」と答えて、ミサが終わります。

イエスさまは光

復活されたイエスさまが、最後に、派遣される弟子たちになさった「命令」と「祝福」とは何だったでしょうか。それは、「すべての民をわたしの弟子にしなさい」（マタイ28・19）という「命令」であり、また、「わたしは世の終わりまで、いつもあなたがたと共にいる」(同20)という「祝福」です。

◇

イエスさまは「光」。人間の中に、どんな過ちや罪があっても、その最も奥深くに「神が共におられる真実」があることを、照らし出してくださる光です。

だから、弟子であるわたしたちは、その光と一緒の向きで生きます。そして、出会う人の中に「神が共におられる真実」を認めて生きる者となります。

たとえその真実を感じられなくても、理解できなくても、共にいてくださる光であるお方と一緒の向きで「神があなたと共におられます」と認めて祈る。そのことを伝える。それが、わたしたちが弟子であるということなのだと思います。

ところで、弟子であるわたしたちは、すべての人を「イエスの弟子」にするように「命令」を受けています。「弟子にする」とはつまり、「人の中に『神さまが共におられる真実』を認め、祈り、それを告げる人」にする、ということです。

「いつも神さまが共にいる」という「祝福」に出会わせていただいたなら、それは「人に告げるために」いただいた祝福なのです。いただいた祝福を、人に告げること、これがイエスさまの「命令」です。

イエスさまは「光」。人間の中に過ちや罪があっても、その最も奥深くに、「神が共におられる真実」があることを、照らしだしてくださる光です。

その光が、世の終わりまで、いつも共にいてくださいます。「升の下に置くため」（マタイ5・15）ではなく、その光で、「人を照らすために」共にいてくださるのです。

あとがき

本書『神さまからの贈りもの』―秘跡による救いのみわざ―は、二〇一五年一月から十二月まで、月刊誌「家庭の友」（サンパウロ）に連載された、「神さまからの贈りもの」―秘跡による救いのみわざ―と、同じく二〇一六年一月から十二月まで連載された、「光・イエスさまと共に捧げるミサ」の二年間の記事をまとめたものです。二年間、二十四回の連載を通して、信仰生活の手助けとなるようなものが書ければよいなと考えて執筆してきました。

一年目は、わたしたちの信仰生活を支える「秘跡」について。秘跡が単なる儀式や形式、義務やきまりなどではなく、神さまからの愛の贈りものであることに中心を置いて執筆しました。まず、わたしたちのいのちと存在そのものが、神さまからの愛の贈りものであり、その愛に気づけないわたしたちのために、神さまは重ねて、イエスさまという贈りものをくださったことを出発点として執筆しました。そして今、復活の主イエスご自身が、秘跡というしるしを通して、日々、具体的に救いのみわざを行っておられることを、表すように務めました。

二年目は秘跡の中の特に「ミサ」について。イエスさまは光。わたしたち一人ひとりの内におられる神の真実を照らしてくださる光です。ミサという祈りのあらゆる部分で、まさに今、イエスさまがその光を輝かせていることをお伝えしたくて執筆いたしました。また、その光を受けたわたしたちは、お互いの内におられる神の真実を照らし合うよう招かれます。それで「光・イエスさまと共に捧げるミサ」と題しました。

日常生活のすべてが神さまからの贈りものであることに気づき、感謝して生きることができるようになるために、この本が少しでもお役に立てれば幸いです。

洗礼や堅信を受けられた方へのお祝い、また、信仰の振り返りのきっかけや、分かち合いのテキストとして使っていただければうれしく思います。また、教会学校のリーダーや、いろいろな機会で宗教を教える方々にも読んでいただきたいなと思っています。

いつも温かいカットを描いてくださる、はせがわかこさんに感謝いたします。

二〇一七年三月

稲川　圭三

著者紹介

稲川 圭三（いながわ けいぞう）

1959 年　東京都江東区に生まれる。
　　　　千葉県習志野市で 9 年間、公立小学校の教員をする。
1997 年　カトリック司祭に叙階される。
　　　　現在、カトリック麻布教会の主任司祭。

著　書

『神父さま おしえて』『イエスさまといつもいっしょ』『365 日 全部が神さまの日―信仰宣言を唱える―』『神さまのみこころ―イエスさまのたとえを聞く―』（サンパウロ）

神《かみ》さまからの贈《おく》りもの

――秘跡による救いのみわざ――

著　　者――稲川 圭三
イラスト――はせがわ かこ

発行所――サン パウロ

〒160−0004 東京都新宿区四谷 1−13 カタオカビル 3 階
宣教推進部（版元）(03) 3359−0451
宣教企画編集部　　(03) 3357−6498

印刷所――日本ハイコム株式会社

2017 年 4 月 25 日　初版発行

ISBN978−4−8056−1528−7 C0016 (日キ販)